Dialogues about China
对话中国

心态文化篇
Psychological Culture

张 健 董 萃◎主编

图书在版编目 (CIP) 数据

对话中国．心态文化篇 / 张健，董萃主编．— 北京：北京语言大学出版社，2013.12

ISBN 978-7-5619-3739-6

Ⅰ.①对… Ⅱ.①董… Ⅲ.①中华文化—研究 Ⅳ.① K92 ② K203

中国版本图书馆 CIP 数据核字（2013）第 311769 号

书　　名： 对话中国·心态文化篇
DUIHUA ZHONGGUO · XINTAI WENHUA PIAN
编　　著： 张　健
责任印制： 姜正周

出版发行： 北京语言大学出版社
社　　址： 北京市海淀区学院路 15 号　　**邮政编码：** 100083
网　　址： www.blcup.com
编 辑 部： 8610-8230 3647/3592/3395
国内发行： 8610-8230 3650/3591/3648
海外发行： 8610-8230 0309/3365/3080
读者服务部： 8610-8230 3653/3908
网上订购： 8610-8230 3653（国内）/ 3668（海外）service@blcup.com
印　　刷： 北京中科印刷有限公司
经　　销： 全国新华书店

版　　次： 2014 年 1 月第 1 版　　2014 年 1 月第 1 次印刷
开　　本： 710 毫米 ×1000 毫米　1/16　**印张：** 10.75
字　　数： 158 千字
书　　号： ISBN 978-7-5619-3739-6 / H · 13365
定　　价： 62.00 元

China

引言

凡是跟中国人打过交道的外国人或多或少地都有点儿疑惑，似乎总也搞不清楚中国人的心里到底在想什么。在外国人的眼中，中国人不太喜欢微笑，总是带着一张扑克脸，显得保守而审慎。而稍稍地接触一下，就会发现中国人其实很热情好客。这一点可以从中国人对外国人的称呼上看出，中国人总是亲切地称呼外国人为“外国朋友”，或者干脆叫“老外”，显得非常活络而友好。中国人这些年思想越来越开放，但是几千年来传统思想留下的烙印并未褪色。这种现代和传统的冲撞与和谐，在中国人的身上表现得尤为清晰。这也是令外国人困惑甚至产生误解的一个方面。

中国是个历史悠久的国家，儒家思想千百年来占据中国人思想的主导地位，但其他思想如释家、道家、法家等也产生了很大的影响。而且，在多次的“分裂——集权——再分裂——再集权”的历史循环中，中国成了一个统一的多民族国家，每个民族都保留了各自的文化。因此不能简单地用某种宗教或者信仰来概括全体中国人的想法。加上中国人一般不愿对外展示自己的情绪、态度，认为这是自己的隐私，常常给人一种“喜怒不形于色”的感觉。所以外国人觉得中国人有点儿琢磨不透。

其实，中国人没那么复杂，只要稍稍了解一点儿历史背景和文化知识，就很容易理解中国人的心态。这样对外国人很有帮助。首先，可以减少交际障碍，避免不必要的误解和偏见。比如外国人觉得中国人请客常常铺张浪费，是故意“摆阔”，如果他们知道了中国“持家要俭，待客要丰”的古训，就能更好地体会主人待客的一片诚意。第二，可以帮助外国人更好地适应在中国的生活。比如中国人初次见到客人的时候，常常会和客人拉拉家常，问问对方的家庭、婚姻、工作等情况。这些问题让外国人觉得非常尴尬，因为他们认为这是不尊重个人隐私的表现，而其实这是中国人换位思考，以己度人，站在对方的立场上关心对方。第三，可以帮助外国人更好地跟中国人交朋友。中国人把真正的朋友叫做“知己”，意思是真正了解自己的人，可见要用“心”去交朋友。可是如果连朋友的心里怎么想的都不知道，怎么能交到真正的知心朋友呢?

中国人也许看上去是“深沉”了点儿，但是这“深沉”的外表下，却是一颗颗热忱的心。中国人愿意以宽容开放的胸怀和虚怀若谷的心态向世界学习，更欢迎来自世界各地的外国朋友，欢迎你们走进中国人的内心世界!

目录

（玛丽正在看电视中的舞龙灯，王红来了。）

玛丽：

你来得正好，快给我讲一讲，中国人为什么这么喜欢龙啊？

王红：

这个说来话长，中国人常常把自己说成是龙的传人……

玛丽：

什么？龙的传人？龙不是神话里的动物吗？

王红：

（笑）我还是先给你解释一下为什么把中国人说成是龙的传人吧。

1. 为什么中国人说自己是“龙的传人”？

中国人常常自称是“龙的传人”，这只是一种象征性的说法，并不是说中国人真的是龙的后裔。龙只是一种传说中的动物，但是它是中华民族千百年来共同信仰的图腾。

在中国古代神话中，龙是一种非常神异的动物，翻云覆雨，无所不能。它的长相很特别，集合了九种动物的特征：鹿的角、牛的耳朵、驼的头、兔的眼、蛇的颈、蜃（shèn）的腹、鱼的鳞、虎的脚掌和鹰的爪子。

中国人为什么把龙作为图腾，并说自己是龙的传人呢？大致有以下几种说法。一是远古时期，中国神话中的人类始祖伏羲氏在统一了中原各个氏族部落之后，自称“龙师”，并把龙作为整个部落共同敬奉的图腾。二是创造人类的女娲，其形象就是人首蛇身的，人们为了表示对女娲的尊崇，就把蛇作为图腾来信奉，随着时间的推移和民族的融合，人们把其他动物的特征一点点地附加到蛇的形象上，蛇图腾逐渐演变成了龙图腾。还有一种说法是，中华民族的始祖轩辕黄帝打败蚩尤，统一了中原部落之后，把自己父系部落的熊图腾和母系部落的蛇图腾相结合，创造了龙图腾。从此，中华民族开始称自己为龙的传人。

在西方文化中，龙是凶猛邪恶的，而中国的龙却有着完全不同的文化意义。在古代，龙象征着权势和高贵，每个皇帝都称自己是“真龙天子”，儿孙称为“龙子龙孙”，皇帝的衣服叫“龙袍”，座驾叫“龙辇”，椅子叫“龙椅”，等等；而在

民间，无论是过去还是现在，龙都是吉祥的象征，每逢传统节日，人们都要舞龙、赛龙舟。在刺绣、剪纸、年画等民间艺术作品中，龙的

形象更是比比皆是。此外，中国人还常常把那些卓越不凡、成功出众的人称为“人中之龙”，把对自己子女的期望概括为“望子成龙”，这些都反映了龙在中国人心目中的重要地位。龙在几千年的演变过程中，融合了人们的理想、追求和信仰，成为今天中华民族的精神象征。

董老师：

苏菲，这个学期你的学生多不多？

苏菲：

还可以，一共三十二个学生。可是每个人的姓都不同。中国人的姓可真多啊。

董老师：

这算什么？有人统计过，现代中国一共有四千多个姓氏呢。

苏菲：

啊？这么多姓氏，中国人的姓氏是怎么来的？太复杂啦！

2. 中国人的姓氏是怎么来的？

根据《中华姓氏大辞典》，中国从古到今用汉字记录的姓氏一共有11969个，其中单字的姓和复姓占了绝大部分，现代使用的姓氏大概4100多个。其中，姓李、王、张的人最多。

传说伏羲为了区分血缘、避免近亲通婚而发明了姓，他给自己的姓是“风”，这也是中华民族的第一个姓。最古老的姓大都是女字旁的，这是因为姓诞生于母系社会。到了父系社会，人口大量增加，原来的姓不够用了，就产生了许多新的姓。这些新的姓，有的是以居住的国家或地区为姓，比如齐、鲁、西门等；有的用祖先名字中的字作姓，如林、皇甫等；有的用官职的名称作姓，如司马、司徒等；有的用职业作姓，如陶、巫、卜等；有的接受皇帝的赐姓，如郑、金等；有的为了避讳或避祸更改姓氏，如同、桂等；也有一些少数民族把原来复杂的姓氏改为汉姓，如吴、叶、黄等。这些后产生的

姓，当然都是按照父系传承的。从生物学的角度讲，每个姓氏的延续都是一部基因传递的历史。

中国人初次见面通常不直接问全名，而是先问“您贵姓”，可见中国人对姓氏非常重视。在中国人的传统观念中，姓氏代表着血缘的延续，所以同姓意味着同宗。很多家族根据子孙延续的顺序和血缘关系的远近，编成家谱、族谱。如果

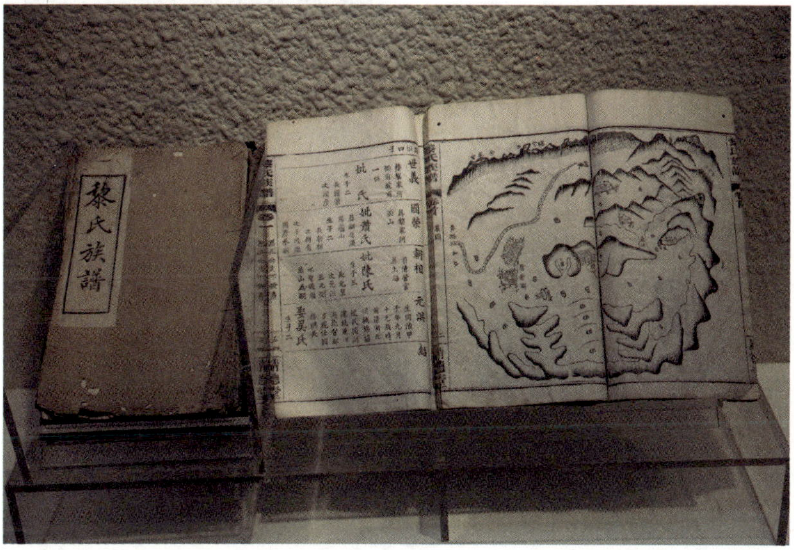

有趣的是，近几年来，中国的第一代独生子女也进入了婚育年龄，有了他们的“独二代”宝宝。很多妈妈们提出要让宝宝随自己的姓，爸爸们当然没那么容易就同意。所以，有些家庭折中一下，以父母双方的姓氏作为孩子的姓氏，这种新鲜的“组合复姓”，就算是古老的姓氏观念和现代的家庭关系相妥协的产物吧。

家族中出了名人，这可是光宗耀祖的大事，还要在家谱中专门写上传记。后人谈到自己祖先的时候，这也是一件非常骄傲的事情。相反，如果出了坏人，可能几代人都觉得非常丢脸。为了祭祀祖先，有些家族还专门建造了祠堂。在海外的华人圈里，也有很多按照姓氏划分的宗亲会和同姓联谊会所。这些都是民族认同心理的体现。

（玛丽来到王红的宿舍，看见书桌上摆着一张全家福。）

玛丽：

王红，这是你们全家的照片吗？

王红：

是啊，我来介绍一下，（指着照片说）这是我爷爷、奶奶、爸爸、妈妈，这是我哥哥，他那时正在外地上大学，特地赶回来过中秋节。

玛丽：

你们一家人看起来真幸福啊！

王红：

是啊，中国人很重视家庭幸福。在中国人心里，“家”是最重的！

3. "家"有多重?

在历史上，中国长期以来一直是农耕社会，家庭是基本的生产单位，因此，中国人的家庭观念特别重。那时，一大家人在一起生活、劳作，家庭成员之间的关系非常亲密，亲属关系的称谓具体又复杂，不像西方人那样简单。在家里，父亲拥有绝对的权威，他要在外工作，养活家人，所以父亲被称为"一家之主"；母亲则在家里操持家务，照顾孩子，这就是所谓的"男主外，女主内"的格局。子女要对长辈绝对服从，否则会被看成是大逆不道。

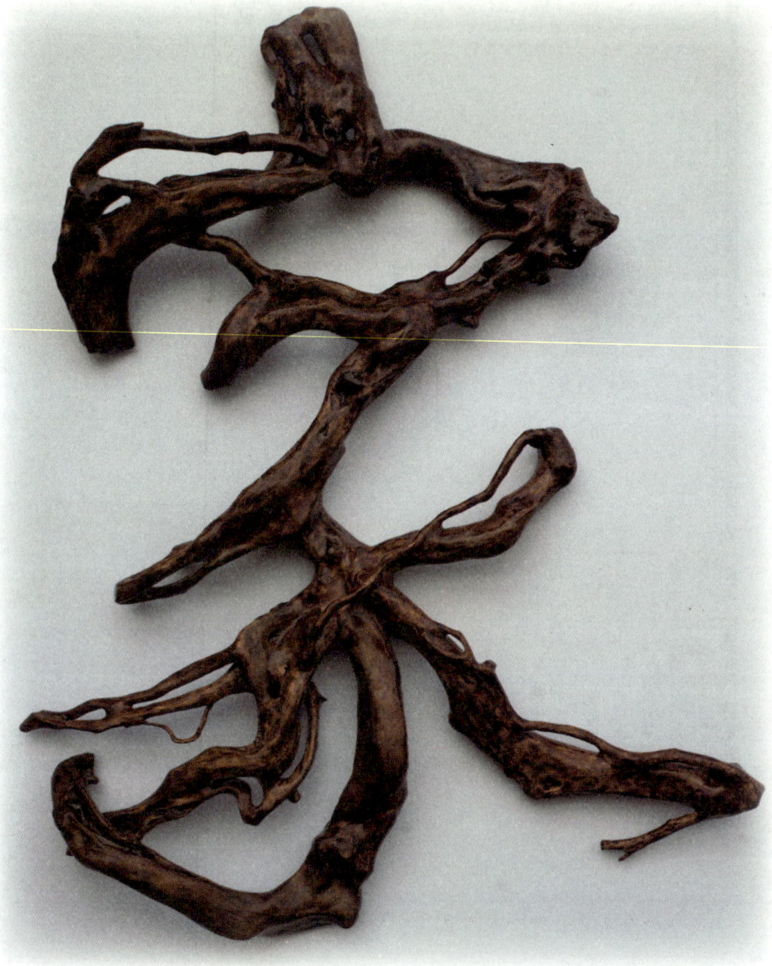

随着时代的变迁，大家族逐渐变成了小家庭。很多年轻人结婚后离开父母，搬出去自己住，但是每逢节假日，全家人都要聚到一起，特别是中秋、春节等传统节日，不管距离多远，全家人都要热热闹闹地一起欢庆。子女有了孩子之后，父母一般会来帮他们照看孩子，做做家务。祖孙三代住在一起，其乐融融，这是中国人一直追求的天伦之乐。同样，当父母年老的时候，子女有着不可推卸的赡养义务。中国也有养老院，但是在大多数人的心目中，只有无儿无女的老人才会去那里住。如果父母去养老院度过晚年，大家都觉得是子女没有照顾好父母，非常看不起他们。

现在，在中国的大部分家庭里，夫妻双方都要外出工作，“男主外，女主内”的传统观念越来越淡薄。家里的大事小情，妻子也要参与或者决定。同样，丈夫做家务也不再

中国人常常说“家和万事兴”，意思是只有家庭和睦，日子才能过得兴旺。在这样的理念下，中国人处理家庭矛盾时常常互相退让一步，包容对方的缺点，一切都以和为贵。而且，中国人认为，个人的家庭是小家，整个国家是大家，为了大家可以舍弃、牺牲小家的利益。小家要和睦，大家要和谐。不论是小家还是大家，只要所有人都和和美美，团结一心，就一定能兴旺发达！

是什么新鲜事。夫妻两个人的收入积攒在一起，花钱的时候也不分彼此。夫妻之间实行AA制是非常不可思议的事情。

中国人认为孩子是父母血脉的延续，父母愿意为了孩子付出一切，甚至可以牺牲自己的幸福。特别是在今天，家家几乎都是独生子女，父母更是把全部的希望寄托在孩子身上。“望子成龙，望女成凤”听上去有些夸张，却是父母心情的真实写照。

大卫：

董老师，你有几个兄弟姐妹？

董老师：

我有两个哥哥、两个姐姐，还有一个弟弟。

大卫：

那么多？中国不是提倡“只生一个好”吗？

董老师：

那个时候还没开始实行计划生育政策呢。中国人相信多子多福，养儿防老……

4."多子"一定"多福"吗?

中国有句老话叫做"多子多福",意思是儿子越多,父母的福气就越多。有些老人到现在还常常念叨这话,无非是希望家族繁荣,人丁兴旺,毕竟人多力量大嘛。当然,这也跟中国的社会现实有关。几千年来,中国的社会保障体系一直不够完善,赡养老人主要还是依靠家庭的力量。多生一个孩子,晚年就仿佛多了一份保障。"养儿防老"说的就是这个意思。

那么，多子真的一定多福吗？也许，在生产力低下的旧时代，多生一个儿子，就意味着家里增加了一个劳动力，父母晚年的时候多了一个赡养者，子女的养老压力也得到了缓解。更何况中国人一向重视血脉延续，子孙绵延、人丁兴旺是每个家族的期盼。但反过来看，多生孩子的弊端也是显而易见的，“多子多福娘受苦”，养育一大堆孩子，还要照顾高堂双亲，父母的压力和负担不难想象，家庭的生活水平也势必下降；片面追求出生数量，自然无暇顾及优生优育，后天的教育培养更是无从谈起了。最重要的是，子女众多，父母未必就能安度晚年，“久病床前无孝子”不正是这样的例子吗？

时代在变迁，计划生育政策逐步深入人心，越来越多的中国人认识到：依靠多生孩子来保障自己的晚年生活不是万全之策。现代的父母已经改变了过去的观念，更愿意只生一两个孩子（很多人甚至只想要一个孩子），借助先进的医疗手段保障孩子健康成长，下力气培养孩子的爱好兴趣，甚至不惜血本把孩子送到国外去读书深造。他们所做的一切都是为了给孩子创造更大的

发展空间，盼望他们出人头地，早日成才。至于养老，父母们固然希望晚年能够得到儿女的照顾，安享天伦之乐，但是也清醒地意识到，“四二一家庭”下的新一代独生子女面临着前所未有的赡养压力，所以父母们也早早开始规划自己的晚年生活，争取不给孩子们增加负担。“养儿防老”已经无法继续顺应时代的发展，而是成为了一种象征，标志着过去人们对美好生活的向往，定格在了历史的长河中。

（玛丽来找王红，看见她正摆弄着一只新手机。）

玛丽：
王红，你的新手机真漂亮！

王红：
哦，是妈妈买给哥哥的，哥哥看我喜欢这个手机，就让给我用了。

玛丽：
为什么让给你呢？这是他的手机啊！

王红：
我的哥哥什么事情都让着我，从小就是这样。

玛丽：
要是我也有个这样的哥哥就好了，哈哈！

5. 中国人很注重长幼尊卑吗？

公元两千多年前，中国儒家思想的代表人之一荀子提出“长幼有序，贵贱有等”，意思是年长者和年幼者之间应该有先后顺序，尊贵的人和卑贱的人的等级不同。儒家这样倡导的最初目的是建立一个等级分明的稳定社会，每个人都能根据出身，找到自己在社会中合适的位置，履行相应的义务和责任。封建统治阶级把这种思想用政治手段加以强化，变成了劳动人民必须遵从的行为规范，幼者必须服从长者，下层人民必须听从统治者的安排，绝不能有违背、忤逆的举动，否则就会受到严厉的打击和镇压。高压之下，这种不平等的思想深深地烙进了中国人的脑海中。所以，人们讲资历，论辈分，有权有势者垄断社会资源，寒门子弟想出人头地比登天还难。

现在，在中国，平等观念早已深入人心，人们不再认为人和人之间还有“尊卑贵贱”的区别。但是年龄大小的区别是客观存在的，所以中国人仍然提倡“长幼有序”。比如年纪大的孩子要照顾和忍让年纪小的孩子，决不能欺负他们；吃饭的时候，年纪最大的老人要坐最好的位置等。“长幼有序”在新时代被赋予了新的内容。中国人把这句话理解为长者、前辈对后辈的扶持

和关怀，而不是论资排辈，倚老卖老。在中国人看来，年纪大的欺负年纪小的，有能力的凌驾于能力弱的，是弱肉强食的动物世界的法则。老年人把自己的经验传授给年轻人，让他们少走弯路，这是理所应当的。

反过来，年轻人也要尊敬和照顾老年人。老年人为社会的发展奉献了青春和热血，他们的宝贵经验是整个社会的财富。当他们年老体衰时，更应该受到下一代人的关心、爱护。概括地说，“长幼有序”的思想在现代就表现为“尊老爱幼”。

有的外国朋友提出，中国人就餐的时候要把最好的座位留给长者或领导，开会时还有“领导专席”，这些现象说明中国人还是有很强的尊卑观念。其实，与其说这些是尊卑观念的体现，不如说是中国人注重礼仪。给长者或领导预留座位，只是为了表示尊重，并不是自贬身价，卑躬屈膝。

（在路上，苏菲看见董老师拎着两大袋水果、蔬菜急匆匆地走着。）

苏菲：
董老师，需要我帮忙吗？

董老师：
不用，不用，前边就是我父母家，很快就到了。

苏菲：
老师，您常常去看望父母吗？

董老师：
是啊，虽然他们跟我哥哥住在一起，但是我也很想念他们啊。

苏菲：
我前几天刚听过一首歌，叫《常回家看看》，说的就是子女要常常回家看望老人。

董老师：
我也很喜欢这首歌，（哼起歌来）常回家看看，回家看看……

6. 什么是“百善孝为先”？

中国有句古话叫：“百善孝为先。”意思是孝敬父母在各种美德中是第一位的，是最重要的美德。为了提倡这种美德，在古时候，有人把二十四个关于孝子的故事配上图画，编成专门给儿童看的书——《二十四孝图》，借此教育儿童要孝敬父母。政府把这种美德提升到了立法的层次，以法律形式规定子女必须赡养父母，要是子女被父母以不孝的罪名告到官府，将

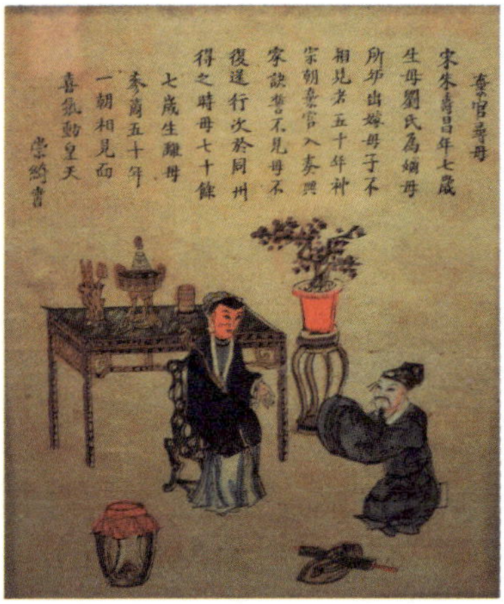

受到非常严厉的刑罚；法律不止要求儿女要悉心奉养父母，为他们养老送终，甚至还规定父母去世后，子女要守墓很长一段时间，期间不能担任官职，不能结婚，也不能举行任何庆祝活动。有趣的是，如果一个人的孝行特别突出，还可以被举任为官，这叫“举孝廉”。在这样的风气下，所有人都特别重视孝道，尽自己所能孝顺父母，如果父母在世，甚至不能出远门。有的封建道学还提出“父叫子亡，子不亡，子为不孝”，这当然是愚孝，是错误的。

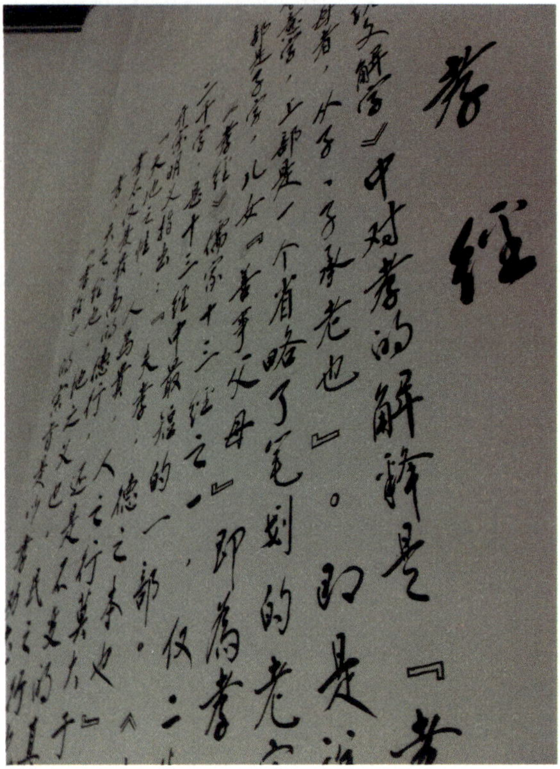

在现代，中国人仍然坚持提倡孝敬父母。中国在《婚姻法》《赡养法》《老年人权益法》等几部法律中反复强调子女对父母的赡养义务，如果子女没有尽到义务，甚至可能被追究刑事责任。现代社会生活节奏快，很多子女为了个人的事业和小家庭不跟父母住在一起，但是每逢节假日，一定要回到父母家团聚。父母年老的时候有的会跟子女住在一起，有的子女定期给父母生活费，并悉心照顾他们的生活。有的老人为了减轻儿女的负担去住敬老院，在外人看来，这样的儿女实在是太不孝顺了，会非常鄙视他们。

中国人认为，人都会有老去的一天，孝敬今天的老人，就是照顾明天的自己。因此，在中国孝敬父母不光是子女个人的事情，整个社会都在关爱老人。公交车上有专门的老年座席，社区有专门的老年活动室，人们对老人都关爱有加。中国的社会养老制度也在逐步完善，无论是城市还是农村，年满60周岁的老人都可以从政府领取一笔数额不等的养老金。政府不断加大拨款力度，建立敬老院来照顾

无儿无女的孤寡老人，成立专门的志愿者组织关怀“空巢老人”，最近几年还建了临终关怀医院，专门照顾即将离世的老人，满足他们的最后心愿。

在中国人的传统观念中，父母为子女操劳一生，子女理应用加倍的爱回报父母。时代在变迁，但是中国人的这种观念一直没有改变。孝敬父母，始终是中国人最基本的美德。一个人要想服务社会，报效祖国，就要先从孝敬父母开始做起。如果他连自己的父母都不爱，我们有什么理由相信他能施爱于天下人呢？

（王红和玛丽在聊天儿。）

王红：
玛丽，你想象过未来的男朋友是个什么样的人吗？

玛丽：
（眉飞色舞）当然了，我的男朋友一定得是个帅哥，脾气要好，还得会弹吉他！你呢？

王红：
我还没想好呢！不过，我更相信感觉。要是两个人在一起很“来电”，其他的条件可以不考虑。

玛丽：
还要“来电”？你的爱情太热烈啦！

7. 中国人想找个什么样的对象?

旧时中国人的婚姻都是由父母一手包办的，父母为子女选择他们认为合适的**对象**，然后安排他们结婚生子。如果子女想违抗父母的意愿自由恋爱，那可是惊世骇俗的大事，不但要背上大逆不道的骂名，还会被外人嘲笑唾弃。

那时候中国人择偶时最讲究的是“门当户对”。对方的经济条件、社会地位、文化程度、家庭状况都是必须要考虑的先决条件。一般父母都会选择和自家相差不多的人家来联姻，否则，条件较差的一方会被说成“攀高枝儿”，即使只在心里想想，也会被讥讽为“癞蛤蟆想吃天鹅肉”。双方结合最理想的状态是“郎才女貌”，可见，人们更看重男方的才能和女方的相貌。至于爱情，可以在婚后的朝夕相处中慢慢培养。于是，道德的约束和对家庭的责任把夫妻双方紧密地联系在一起，很多老辈人就是这么过来的。

随着妇女地位的提高和男女平等意识的深入，现代的父母已经很少再干涉子女们的婚事了。年轻人在择偶时最强调的就是“自由平等”。女诗人舒婷在爱情诗《致橡树》中写道：“我如果爱你……必须是你近旁的一株木棉，作为树的形象和你站在一起。”这表达了恋爱双方对独立人格和真挚爱情的追求。

现在的中国人在择偶时把感情放在了首位。年轻人谈恋爱时先考虑的是“来不来电”和“有没有感

觉”，也就是有没有共同的兴趣爱好，人生观、世界观和价值观是否接近。至于对方的经济条件和文化程度，反而不太苛求。毕竟中国的生活水平和教育水平在整体上提高了很多，这些差异已经不那么引人注目了。只要双方的差异不是特别大，是不会引起他人的非议的。有的女孩儿故意标新立异，声言“宁可坐在宝马车里哭，也不要坐在自行车上笑”，也不过是为了吸引眼球说说而已。“爱美之心，人皆有之”，希望找个英俊漂亮的另一半也无可厚非。不过要是找对象时过分挑剔对方的长相，常常会被大家嘲笑为“外貌协会的”，意思是过分看重另一半的外表，而不考虑内在的性格、品质。

跟经济条件、文化程度、相貌等外在条件相比，中国人择偶时更看重对方内在的个人能力和道德品质，这一标准历经千年从未改变过。也许这正是中国人对婚姻最朴实的追求：谁不想找个正经人踏踏实实地过日子呢？

（大卫一边打领带一边跟苏菲说话。）

大卫：
苏菲，今天晚上我要去北京饭店谈合同，可能晚点儿回家。

苏菲：
谈合同不是应该去公司吗？为什么要去饭店呢？

大卫：
我也不知道为什么，中国人好像很喜欢在饭桌上谈生意，边吃边聊，特别热闹。

苏菲：
真有意思。我知道北京饭店的烤鸭特别好吃，你们一边谈合同，一边吃烤鸭，这样也很好嘛！

8. 中国人为什么这么讲究“吃”？

中国人对吃的重视程度，恐怕让世界上其他任何一个国家都叹为观止。古话说：“民以食为天。”可见，对于中国老百姓来说，天底下第一重要的事情就是吃。在中国，餐饮业是第三产业中的龙头老大，各大菜系、私房菜谱令人眼花缭乱，食材之丰富让外国人误以为中国人什么都吃。不同的节日里讲究吃不同的食物，团聚离别、婚丧嫁娶都要聚餐，人们见面时的问候语是“吃了吗”，就连殡葬死者时，也要让亡者口中含饭，生怕到了另一个世界挨饿。可见，吃实在是中国人的头等大事。

中国的农牧业发展较早，食物种类丰富，这为吃提供了客观的物质基础。中国一直人口众多，但是赖以生存的资源极为有限，如果遇到荒年或者战乱，饥饿就是人们心头挥之不去的巨大阴影。因此，饿怕了的中国人为了求生，千方百计地发掘可以果腹的材料，政府为了统治稳定也努力地使老百姓“仓廪（lǐn）实，衣食足”。在条件允许的情况下，人们“食不厌精，脍（kuài）不厌细”，进一步促进了烹饪技艺的发展。久而久之，对温饱的渴望和对美味的追求使吃成为了中国人的传统和习惯。

对于现代中国人而言，吃早就不止意味着“果腹”了。中国人认为享受生活就是“吃喝玩乐”，“吃”占据首位，可见，这是中国人最为看重的人生乐趣，人们也愿意用金钱满足口腹之欲。而且，吃既是维持生命不可缺少的基本手段，又成为了保持身体健康的直接方法。中国人认为“药补不如食补”，坚信某些特定的食物可以让人更加健康、聪明、长寿，甚至能够治病，这就

是"食疗"。还有人根据各人体质不同把不同的中药跟食物在一起烹饪，做成"药膳"。这样，中国人享受美食的同时，还达到了养生的目的。

吃，在中国还肩负着特殊的任务，它是拉近人际关系的必要手段。在外国人看来，中国人喜欢把一切事情放到餐桌上谈。逢年过节、团聚庆贺、感恩致谢、婚丧嫁娶、洽谈生意等等大事小情都要

吃。推杯换盏、觥（gōng）筹交错之间，宾主双方热热闹闹地就把所有事情办完了。

在中国，“吃”文化还进入了汉语中，构成了很多有趣的说法：谋生叫“糊口”，工作叫“饭碗”，受雇叫“混饭”；受欢迎叫“吃香”，受偏爱叫“吃小灶”，不顾他人叫“吃独食”；没人理会叫“吃闭门羹”；有苦难言叫“吃哑巴亏”……看来，外国人要“吃透”中国的“吃”文化，还真是一件“吃力”的事呢！

（玛丽去王红家里做客，王红的妈妈准备了一大桌子菜。）

妈妈：
玛丽，你多吃点儿。我也不太会做菜，没准备什么好吃的，让你见笑了。

玛丽：
（很吃惊）您做的菜非常好吃，而且这么多，我都吃不完！

王红：
（笑）这是中国人客气的说法。你随便吃好了，别担心。

玛丽：
你们家平时吃饭也做这么多菜吗？是不是有点儿浪费啊？

王红：
当然不是。中国人说“持家要俭，待客要丰”。你是贵客，我们当然要“浪费”一点儿啦！

9. 为什么中国人请客时那么“浪费”？

《环球时报》刊载过一篇文章《中国人请客**浪费**太多》。作者在文章中写道：我在中国的时间不算太长，但到中国餐馆、饭店吃的饭可不少。中国人下馆子请客吃饭，总是要点很多菜，什么冷热拼盘、几碗几碟的，还有各种各样的说辞。结束的时候几乎总是剩下一桌菜，有的连碰都没碰，好像这样才显得请客的人热情、大方、豪爽、有面子。这篇文章引起了很多外国朋友的共鸣。还有人补充说，不光是去饭店里吃饭，去中国人家里吃饭也是如此。主人明明准备了一大桌丰盛的饭菜，却还要说是“家常便饭”，这样贬低自己，是不是有点儿不诚实呢？中国人请客时为什么那么浪费呢？

中国的餐桌礼仪、待客方式和西方差异很大，外国人的确容易产生这样的想法。中国人到别人家里做客的时候，决不能把盘子里的菜全部吃光，否则会显得很没有教养，或者暗示主人太小气、吝啬，不肯诚心诚意地招待客人。反过来，中国人在做东请客的时候，会考虑到

客人的口味和食量，尽量准备得充分、丰盛，这样才能表示自己招待客人的诚意和热情。而且，热情好客是中华民族的素有传统，主人不光要为客人提供最丰盛的菜肴，还要殷勤地劝酒劝菜，否则就显不出对客人的重视。其实，中国人居家过日子时是非常节俭的，饭菜一般以足量为标准，能省则省，绝对不会像

招待客人那样丰盛奢侈。这就是所谓的“持家要俭，待客要丰”。了解了这一点，外国朋友们在大呼“中国人请客太浪费”的同时，也就更能体会中国人殷勤待客的苦心和诚意了吧?

其实，越来越多的中国人也开始意识到中国人在请客吃饭时的确是有点儿铺张了，因此，最近几年，在餐馆里饭后打包，把剩饭剩菜带

回家，已经不是什么稀奇和丢面子的事了。也有人在高级自助餐厅宴请宾客，这样在很大程度上杜绝了浪费，而且显得很有档次。中国人的待客之道也显得不那么“浪费”了！

（玛丽捧着一大摞书，给董老师打电话。）

玛丽：
董老师，您在家吗？我正好经过您家附近，把上次您借给我的书还给您怎么样？

董老师：
真不巧，我现在不在家。你把书交给我家邻居吧，晚上我去他家取。

玛丽：
（犹豫）交给邻居吗？

董老师：
放心吧，我家的邻居特别好，就像自己的家人一样。你把书交给他，一定没问题！

10. 远亲不如近邻吗？

中国人特别重视邻里关系，都希望能跟邻居相处得和睦、融洽。以前，人们搬家的时候，不光要考虑位置、交通等等，左邻右舍是什么样的人也是一个需要考虑的重要因素。谁都愿意挨着一户好邻居。

茶余饭后，人们愿意到邻居家里坐上一会儿，喝喝茶，聊聊天儿，还可能一起下下棋，打打麻将。要是谁家做了什么好吃的东西，一定想着给邻居家的孩子送上一碗尝尝。有了什么新奇有趣的玩意儿，也要招呼邻居来一起分享。有时候，忙碌的父母没有时间照顾孩子，就放心地托付给邻家的爷爷奶奶；家里有什么大事小情，只要一声招呼，邻居们就七手八脚地赶来帮

忙；甚至家庭内部发生了矛盾，也要邻居出面劝说调和。邻里之间毫无血缘关系，却互相帮助，乐于分享，亲密得像亲人一样。要是遇到了危急的时刻，邻居会在第一时间伸出援手，甚至比远方的亲戚更帮得上忙。说起“远亲不如近邻”这句俗话，人们心头就会涌起许多温暖的回忆。

随着城市化的发展，高楼大厦的水泥墙阻隔了各家各户，防盗门一关，任你几家欢乐几家愁。人们开始注重隐私，警惕心也更强了，即使是对邻居，

也不肯轻易把自家的真实情况示人。门对门住了好几年也不知道邻居姓什么的事情并不新鲜。甚至有报道说，老人在家中猝死，过了好几个月才被人发现。邻里之间冷漠到这样，实在让人心寒。

尽管现代的娱乐活动越来越丰富多彩，网上的社交方式也是五花八门，中国人还是感到心中的孤独感难以排遣，原因之一就是现在的邻里关系太疏远了。曾经出入相友、守望相助的老式邻里，现在却变成

了天天见面、却从没打过招呼的“最熟悉的陌生人”，人们感觉自己好像生活在一群陌生人之中。

俗话说：“邻里好，赛金宝。”当下的中国人正在尝试构建一种既传承中华民族优秀传统又符合现代社会人际关系的新型邻里关系。很多社区设计了新颖的邻里交流活动，比如举办百家宴、在楼道下面设置邻里联系箱、发放爱心门铃和邻里守望卡，还推选德高望重的老人做和谐调解员，专门解决邻里之间的小摩擦。中国人相信，只要人人参与，多一句问候，多一个微笑，多一份关心，就能让左邻右舍都成为快乐的一家人。

玛丽：

董老师，您来得这么早哇？

董老师：

早吗？只是提前了两分钟而已啊！

玛丽：

呵呵，我听说中国人不太遵守时间，约会常常迟到。

董老师：

哈哈，看来你还不是真正地了解中国人啊！

11. 中国人没有时间观念吗?

很多老外都有这样的疑问：中国人是不是时间观念很差？因为在与中国人打交道的过程中，他们常常会因为时间的问题而感到头疼。比如在会议、典礼等活动中的讲话冗（rǒng）长，没完没了，实际意义不大，令人不耐烦；官方通知下达没有预留出足够的时间，常常临时通知，甚至在最后时刻取消会议；私人间的活动随意性就更大了，拜访没有预先约定，并且逗留时间过长等等。

其实，这并不能说明中国人的时间观念不强，相反，中国人是非常珍惜时间的。中国人常说“一寸光阴一寸金，寸金难买寸光阴”，这句话在古代就有了，之所以流传至今，说明中国人对时间的珍惜和重视。

那么上述让外国人感到头疼的现象又是怎么一回事呢？我们要有区别地看待，讲话冗长，有时是为了更好地强调该活动的重要性；临时通知或变更时间，有时是由于情况发生了的变化，因而做出了顺时而变的决定，希望找到最妥当、最圆满的解决问题的方法，也说明了中国人处事灵活，随机应变；至于私人拜访忽视了预先约定，常常是因为对方觉得彼此之间足够亲密，不必过于讲究礼数，这从另一方面反映了中国人重感情，喜欢拉近彼此关系。

当然，我们也不排除上面说的那些现象有时真的是时间观念淡薄所致，但是如果我们仔细想想，也许就会想开了。在我们身边，哪一种人多呢？遵守时间的人多，还是不遵守时间的人多？还有，在你们的国家，有没有时间观念差的人呢？再想想我们自己，有没有迟到过？有没有临时改变决定或者突然取消约定的情况？

值得注意的是，也许在一些小事上，中国人表现出了随意性，但是在重要的事情上，中国人是绝对遵守时间的，比如，相亲、面试、洽谈等。所以你在跟中国人洽谈业务或商谈事情的时候，根本不需要担心中国人会迟到，相反他可能早早地在那里恭候您的光临了。

王红：

玛丽，你看，那是我的老乡夏云。我们都是宁夏银川人，真没想到，在北京的大街上还能见到老乡。

玛丽：

咦，你以前认识她吗？

王红：

不认识啊，刚才聊天儿才知道她也是银川人。

玛丽：

那你为什么这么激动？

王红：

“老乡见老乡，两眼泪汪汪”嘛！

12. 你听说过“老乡见老乡，两眼泪汪汪”吗？

中国有句俗语叫做：“老乡见老乡，两眼泪汪汪。”这当然不是说两个同乡的人见了面就抱头大哭，而是夸张地表达了身处异地的同乡人相逢的喜悦激动之情。

中国人喜欢“攀老乡”。火车上素昧平生的两个人一旦得知是同乡，立刻能亲亲热热地交谈起来，分别时还互留联系方式，依依不舍地约定以后再

见。求人办事时如果负责人碰巧是老乡，那么立刻“有话好说”，问题很快解决。中国留学生初到国外，什么情况都不清楚，同乡会就来帮助他找住处、买生活用品、办理各种手续。等他熟悉了一切，自然也要承担起帮助下一个新老乡的任务。中国的大学里有“某某省联谊会”，各地有“某某地同乡会”，首都北京有众多的“某某省商会”，海外华人圈子中有无数个“某某籍同乡社团”……这些非官方的群

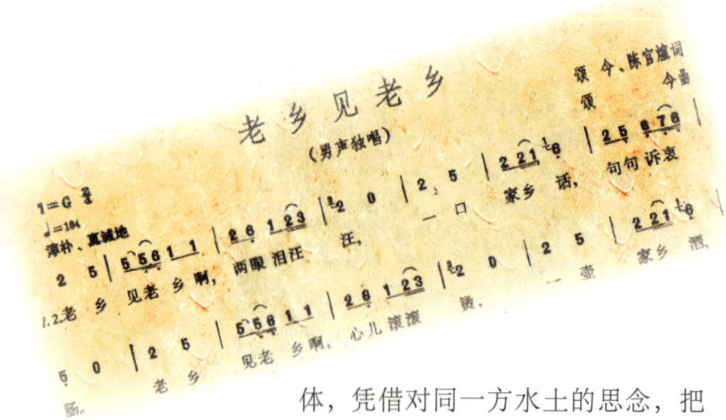

体，凭借对同一方水土的思念，把同一方人紧紧地团结在一起，显示了强大的号召力和凝聚力。

同乡关系受到如此重视，与根深蒂固的乡土观念不无关系。中国人强调故土难离，浓浓的故乡情把每个在外漂泊的游子紧紧地联系在一起。一口浓重的乡音，一道不起眼儿的家乡菜，一句只有老家人才懂的土语，都会勾起人们对故乡的思念之情，从而对眼前的同乡产生莫名的好感和信任。谈起故乡，老乡之间总是有说不完的话题，共同的语言文化、生活经历、价值观念

使他们产生了强烈的认同感和归属感。有了老乡，在外打拼的日子似乎就不再孤单，心中的委屈也可以向人倾诉，万一遇到了什么麻烦事，老乡还是坚实的依靠。即使彼此之间有了矛盾，考虑到大家都是背井离乡地在异地打拼，双方常常各自退让一步，“大事化小，小事化了”，问题也就妥善解决了。

老乡关系受到重视的另一个原因是：中国人重人情关系，相信“熟人好办事”。老乡们共生于一片土，共饮一方水，的确有着与生俱来的亲近。凭着纯粹的乡情，老乡或多或少在感情上会有偏颇，有意无意地提供了诸多方便。这虽然有

悖于理，却也是人之常情。

老乡的“乡”，可大可小。小至某村某屯，大至整个国家。可以说，中国人的国家意识就是大而化之的“乡土观念”。有趣的是，在英语中，“country”一词也有两个意思，既是“乡土”，又是“国家”。这种相似点真有异曲同工之妙啊。

玛丽：
王红，你的外公、外婆还健在吗？

王红：
我的外公很早就去世了，外婆是去年去世的。

玛丽：
对不起，说起这个你一定很伤心吧。

王红：
嗯。我的外婆得了癌症，去世前在医院里住了半年，非常痛苦。死亡对她来说，其实是一种解脱。

玛丽：
愿她在天堂里不再痛苦。

王红：
谢谢。

13. 是“生”，还是“死”？

中国有句有趣的俗语叫“好死不如赖活着”，听起来似乎是为了活命，可以不惜一切代价，甚至放弃尊严，苟且偷生。其实并不是这样。中国人认为活着是最重要的，有了生命才有希望。正所谓：“留得青山在，不愁没柴烧。”无论遇到什么困难，先要保住自己的性命，然后才有可能东山再起。这种顽强的求生信念使中华民族成为历史上极有韧性的民族。

中国人觉得人来到世上是为了享福的，所以要尽可能地延长自己的生命。古时候人们炼丹、修道，希望能实现长生不老；现代人很重视进补和养生，希望通过饮食和锻炼达到健康长寿的目的。

中国人觉得死亡代表着恐惧和不幸，甚至讳莫如深不能谈及，所以汉语中代替“死亡”的委婉语多得让人吃惊。但是，死亡是不可避免的，绝非人力可以改变，这是上天的安排。所以，与其每天担惊受怕，不如使自己的人生过得更有意义。孔子说:“活着的事情还没有搞懂，怎么能追问死后的事情呢？”就是让人们将人生的关注点放在“生”上，而不是“死”上。人活一天，就应该尽人事，处理好人的现实生活。至于寿命的长短，还是交给老天来安排吧。

中国人非常珍惜生命，认为自杀是愚蠢自私、不负责任的行为。但是如果死得有意义有价值，那么就会毫不犹豫地舍弃生命。儒家思想中的“舍生取义”始终主宰着中国人的生死观念。为了正义和人民的利益，捐出自己的生命也在所不惜。这样的死，比泰山还要重。尊严也是比生命更重要的东西，面对欺侮时，中国人“宁可站着死，也不跪着生”。

中国人受佛家和道家思想的影响也很深。死亡还被看做是超脱，人死了，就脱离了世间的烦恼和苦难，这是一件值得庆贺的事情。所

以在保守的农村，丧事一般都会大摆宴席，还要请鼓乐队来演奏。城市里低调一些，但至少也要搭设灵棚供人吊唁。

和西方人一样，中国人也相信天堂和地狱的存在，人死以后，善良的好人会上天，作恶多端的坏人要下地狱接受各种严厉的惩罚。所以人活着时不能做坏事。以前，中国人还认为，死去的人也能享受到人世的种种乐趣，所以亲人在祭祀时要供上烟酒食物给先人品尝，还要焚烧纸钱和纸扎的车马，保证死者的日子过得阔绰舒服些，这样逝去的先人才会在天上保佑人间的子子孙孙。现在这种祭祀的方式已经逐渐被献花等方式取代了。

中国人还相信前世和来生，把生活中的苦难看做是上辈子做了坏事的报应，期望自己下辈子再也不要过这样的日子。当然，这些不过只是说说而已，对于奉行实用主义的中国人，活在当下、享受生活才是最重要的。

玛丽:
王红，最近在看些什么书?

王红:
我在看《圣经故事》呢，挺有意思的。

玛丽:
哦? 你怎么看待犹大这个人?

王红:
我觉得，在中国人的道德观念中，犹大就是一个彻头彻尾的小人。

玛丽:
小人? 那中国人心目中的“大人”是什么样的?

王红:
那不叫“大人”，叫“君子”! 哈哈!

14. 何为“君子”？何为“小人”？

“君子”和“小人”是儒家思想中相对立的两种人格的代表，“君子”泛指品格高尚的人，“小人”则指品格低下的人。中国人受儒家思想的影响很深，“君子小人”的道德观深深地铭刻在每个中国人的心中，是用来衡量一个人道德品质的标尺。

那么什么是“君子”，什么是“小人”呢？在中国人看来，君子就是有道德的人；小人就是没有道德的人。君子和小人的追求不一样：君子追求道义，无论做什么事都要符合道义，为了道义可以舍弃财富和生命；小人追求利益，为了一点儿蝇头小利就不顾尊严和脸面，即使损害了别人也觉得没有关系。因为这一点点小利，小人每天都要算计别人，或者唯恐被别人算计，所以忧

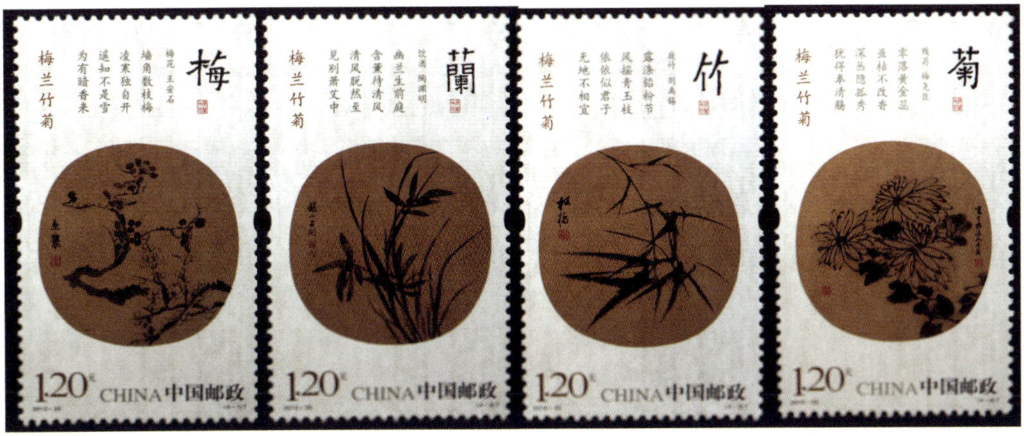

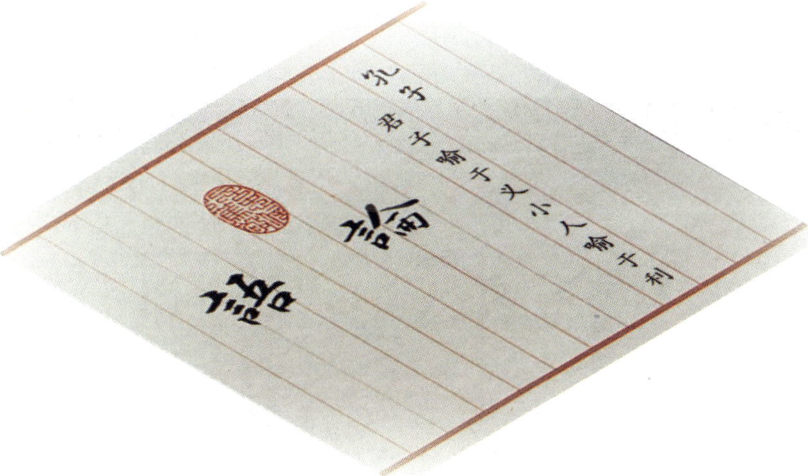

愁恐惧，活得很累；而君子根本就不把这些放在心上，所以胸怀宽广，光明磊落，也不在意别人看他的眼光。

跟他人交往的时候，君子真心对待朋友，和谐友善，但并不要求时时处处跟朋友保持一致，在具体问题上总坚持自己的观点，也尊重对方的独立见解；小人表面上看起来一团和气，跟谁都有共同语言，其实是隐瞒自己的想法去迎合别人，一旦有机会就党同伐异，像恶狗一样反咬一口。

君子与人为善，即使被人中伤，也很容易原谅对方，不记人过，甚至会不计前嫌地帮助对头；在小人的眼里别人都是小人，需要每时每刻小心提防，动辄打击报复，决不能吃一丁点儿亏。所以中国人说“宁得罪十个君子，不得罪一个小人”。得罪了君子，他至多不再跟你交往，决不屑于暗箭伤人；要是得罪了小人，恐怕一辈子都不得安宁。

在中国，称某人为“小人”，是对其人格和品德最严厉的否定和贬低。人人都鄙视厌恶小人，不希望自己成为那样的人。可是要成为君子，必须要有一颗宽容善良的心，要经得起磨炼、考验，要不断地反省自身，要舍得财富、地位甚至生命……这也不是轻而易举的事情，也许修炼一生也做不到。但是中国人还是希望自己能做君子而不是小人。君子的高风亮节，永远值得中国人尊敬和效仿。

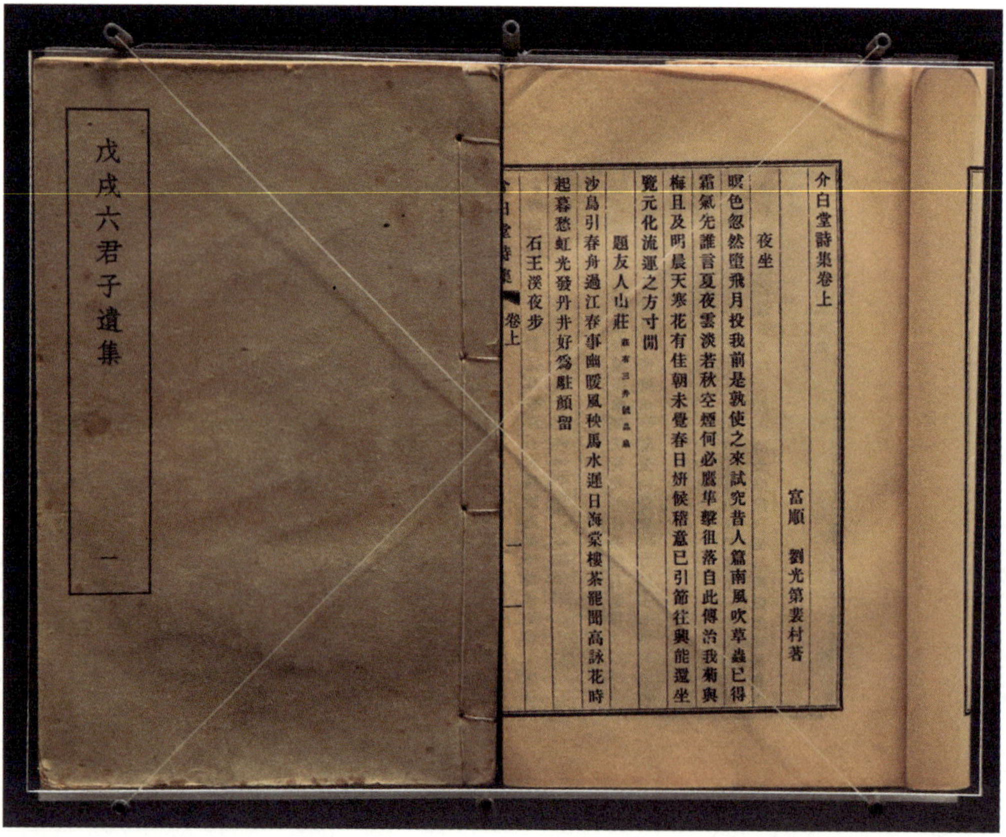

玛丽:

王红，你能借我一百块钱吗？我有急用。明天就还给你。

王红:

好的，给你钱。

玛丽:

等一下，我给你写个借条。

王红:

咱们是朋友，写什么借条啊？

玛丽:

朋友之间就不用写借条吗？你就不怕我不还给你钱？

王红:

当然不怕，我相信你的信誉。

15. 中国人怎么看待钱?

中国人对待**金钱**的态度非常矛盾。

应该承认，中国人非常爱钱。过年见面时，人们的问候语是“恭喜发财”，年夜饭的主菜通常是一条大鱼，寓意“年年有余”；生意人的家里或店里长年供奉着财神爷，老板台上蹲着一只口衔（xián）铜板的金蟾（chán），进门处还有一只憨态可掬（jū）的招财猫；中国人还把钱亲切地称为“孔方兄”。同时，中国人又羞于谈钱，觉得张口闭口地谈钱很庸俗。从古至今，中

国人一直看不起商人，说他们身上有一股“铜臭”。要是有人表现出很计较金钱的样子，别人就会说他“钻到钱眼儿里去了”，甚至会扣上“拜金主义”的帽子。

中国人的赚钱能力令世界惊叹。遍布世界的华商凭着精明的发展眼光、谨慎的投资策略和独特的经营艺术被称为“东方的犹太人”。这几年，中国的GDP增长稳居世界前列，

这与中国人发达的经济头脑不无关系。但是，中国人强调“君子爱财，取之有道”。无论是富贵还是贫贱，都不能违背良心和道义赚钱，不能要不义之财，否则是会遭报应的。

中国人爱攒钱，大部分人都喜欢把钱存进银行，觉得这样才稳妥保险。父母会给孩子买零钱罐，教育孩子从小勤俭节约。中国人非常忌讳负债，要是欠了别人的钱，会想方设法尽快还钱。因此，现在还有很多人反对使用信用卡，在他们看来，用信用卡就是今天花明天的钱，那么明天难道要喝西北风过日

子吗？中国人也不吝惜花钱，只是更加强调要把钱花在必需的地方，常常说“把钱花在刀刃上”，比如孩子的教育费用、必要的大件家电等。

中国人在借给朋友钱的时候，通常都很大方，不需要担保人，也不用写借条，个人的信誉就是保障。这样金钱和人情夹杂在一起，有时也会造成麻烦和纠纷。所以，中国人也提倡“亲兄弟，明算账。”把钱和情分开，不仅能避免可能出现的纠纷，还可以长期维系彼此的感情。

现代经济社会里，金钱的重要性不言而喻。有的人把钱看得比命还重要，小气吝啬得像“铁公鸡”——一毛不拔；也有的人为了钱不惜铤而走险，违法乱纪，什么坏事都肯做。中国人形象地将其描述为“有钱能使鬼推磨”。还有人对钱的态度很洒脱，认为钱是“身外之物”，生不带来，死不带去，这样的人通常不缺钱，所以花起钱来也比较潇洒。大多数中国人还是觉得钱足够花就好，当然“足够”的标准各有不同。要是能略有结余就更好了，毕竟谁也不怕钱咬手啊！

（玛丽生病了，王红去看她。）

王红：

玛丽，你感觉好些了吗？按时吃药了没有？

玛丽：

可别提吃药了！那药片又大又苦，我一想起来就觉得难受。

王红：

这可不行。要知道，“良药苦口利于病，忠言逆耳利于行”啊！

玛丽：

咦，这是什么意思？

16. 为什么“良药苦口，忠言逆耳”？

中国有句古话：“良药苦口利于病，忠言逆耳利于行。”意思是，好药的味道很苦，但却有利于治病救人；劝诫的语言不动听，但有利于人们改正自身的缺点。这句话的目的是教育人们要勇于接受批评。

“人非圣贤，孰能无过。”人活在世上，难免要犯错误。犯错误并不可怕，及时改正就好。可怕的是刚愎自用、讳疾忌医，不肯听从别人的批评劝告，小错酿成大错，最后无可挽回。所以中国人强调防微杜渐，发现一点儿苗头就及时刹住，这样才不会一错再错。

要心平气和地接受批评是非常需要勇气的。“忠言”通常都是“直言”，因为直率，会让听话人觉得很没有面子，心里难免动气。无论是谁，人在气头上，都不愿意接受别人的意见。如果能放下心中的愤然，冷静地接受批评，吸取众人的智慧，虚心地改正错误，这样的人一定能成就一番大事业。古时候，有个叫耕柱的是大思想家墨子的学生，他才华出众，是公认的栋梁之材。可是墨子却总是批评他。耕柱感到非常委屈，就质问墨子为什么。墨子问他:“如果我要驾车去太行山，应该用好马拉车呢，还是用老牛拉车呢？”耕柱说:“笨人都知道应该用好马，因为好马才能承担驱驾的重任。”墨子告诉他:“你说得对。我一直批评你，也是因为你能够承担重任，值得我的教导。”耕柱这才明白老师的苦心。后来他再也不以被批评为耻，而是虚心地接受教诲和意见，严格要求自己，终于成为了墨子的传人。西方有句有趣的谚语说:“死狗没人踢。”可见，越是优秀的人，受到的指责和批评就越猛烈。

这些非难中未必一点儿合理之处都没有，就看你用什么样的心态对待了。

从另一个角度来看，给他人提出批评意见也是需要极大勇气的。人人都知道“多摘花，少摘刺”的道理，自己一片好心地提点对方，很有可能换来的是不屑的白眼、反唇相讥甚至恶语相向，所以不如明哲保身，先管好自己的一亩三分地。这样更显得真诚的批评是弥足珍贵的，如果再不虚心接受，可能以后就没有人肯这样不吝赐教了。

老子说:“信言不美，美言不信。”意思是真实的言词不华美，华美的言词不真实。“忠言”听起来总是没有虚伪的奉承那么动听，但却是一剂良药。如果你已经意识到了自己身上的“病”，那就痛痛快快地吞下这一大口良药吧。

王红：

玛丽，为什么笑得这么开心？

玛丽：

我看了一个笑话，挺有意思。我讲给你听：一位妈妈在孩子考试前去拜孔子，希望孩子考出好成绩。结果数学和语文都及格了，只有英语不及格。这位妈妈说："下次还是去拜耶稣吧，孔子不懂英语啊！"

王红：

哈哈，是挺好笑的。不过，这个笑话倒是很形象地反映了中国人的宗教观念。

17. 中国人为什么逢佛必拜？

中国人的宗教观念很有意思。如果你问一个中国人信仰什么宗教，十有八九他会说自己没有宗教信仰，可是当他去赶庙会或者去寺庙游玩的时候，一定会捐些香火钱；如果他遇到什么难题需要拜佛的时候，你绝对猜不准他会向哪个神佛祈祷，可能是佛祖菩萨，可能是财神孔圣，可能是灶王龙王，也可能是祖宗先人。这种“逢佛必拜”的情形在世界上其他国家比较少见。

中国是个多宗教的国家，教徒一亿多人，信奉的主要有道教、佛教、伊斯兰教、基督教（新教）和天主教。其中，只有道教是土生土长的中国传统宗教。儒家思想对中国人的思想影响非常大，但是很多人认为这是一种信仰和道德体系，而不是宗教。

中国人信仰多神而非一神，可能是因为中国的传统宗教道教就是一种崇拜多神的宗教。中国人心目中的神种类繁多，有祖先神，如关圣孔圣；有自然神，如妈祖河神、雷公电母；有器物神，如门神灶王；再加上佛、真主和上帝，构成了一个非常庞大的宗教偶像体系。而且，这些神彼此之间绝不互相排斥，儒、释、道的精神领袖可以同时出现，先人和上帝一样都能庇佑世人。

秦叔宝

尉迟恭

中国人的宗教信仰带有很强的实用主义，就是要求现实的宗教保护，而不太在意宗教本身的教义和理论，也不太拘泥于形式化的宗教仪式，即使举行仪式也是世俗化的，比如祭祀大典要供上馒头、猪肉，吹奏传统乐器朝拜圣母玛丽亚，等等。祈求神灵保佑时，中国人的目的性很强，拜观音是为了求子，拜财神是为了发财，只要是能够帮他解决困难、减轻痛苦的，他都愿意拜，不管是什么宗教体系里的。如

果这个不灵验，那么就换一个。中国人对此形象地概括为“平时不烧香，临时抱佛脚”。

在外国人的眼里，中国人对于宗教的态度是庸俗的。可是换个角度来看，这种态度也是开明宽容的。正是因为这种态度，几千年来中国各个教派一直和睦相处，从未因为宗教信仰不同而发生战争。这样，人们的心灵有了寄托，又不会过分狂热，何乐而不为呢？

（王红跟着玛丽去大卫家里做客。）

王红：

大卫，你家后边是小山，正对面是公园，交通便利，空气新鲜，真是风水宝地啊！

大卫：

谢谢。我也很喜欢这样的环境。你好像很懂风水啊。

王红：

我哪里懂什么风水，就是随便说说。

玛丽：

我听说中国人都很重视风水，你肯定也懂。下次我搬家，得请你帮我参谋参谋。

王红：

不行，不行，我又不是什么风水大师，我还是帮你搬家好啦。

18. 为什么中国人那么重视“风水”？

“风水”一词来源于《易经》，最初是指人所居住的自然环境。由此发展出的风水学，就是选择合适的居住环境的一门学问。在古代，“风水”的概念贯穿于中国传统建筑活动的整个过程，包括选址规划、施工营造和装修设计，还要考虑天时、地理、气势、方位、时辰、礼制等等因素，非常复杂。在现代生活中，“风水”更讲究的是屋宅的地点选择、朝向、内部结构设计和布局等。可以说，风水学是综合了物理学、水文地质学、天文学、气象学、环境景观学、建筑学、生态学以及生命信息学等多门学科的综合学科，其最终目的，就是追求人与自然的和谐，最终实现“天人合一”的理想境界。

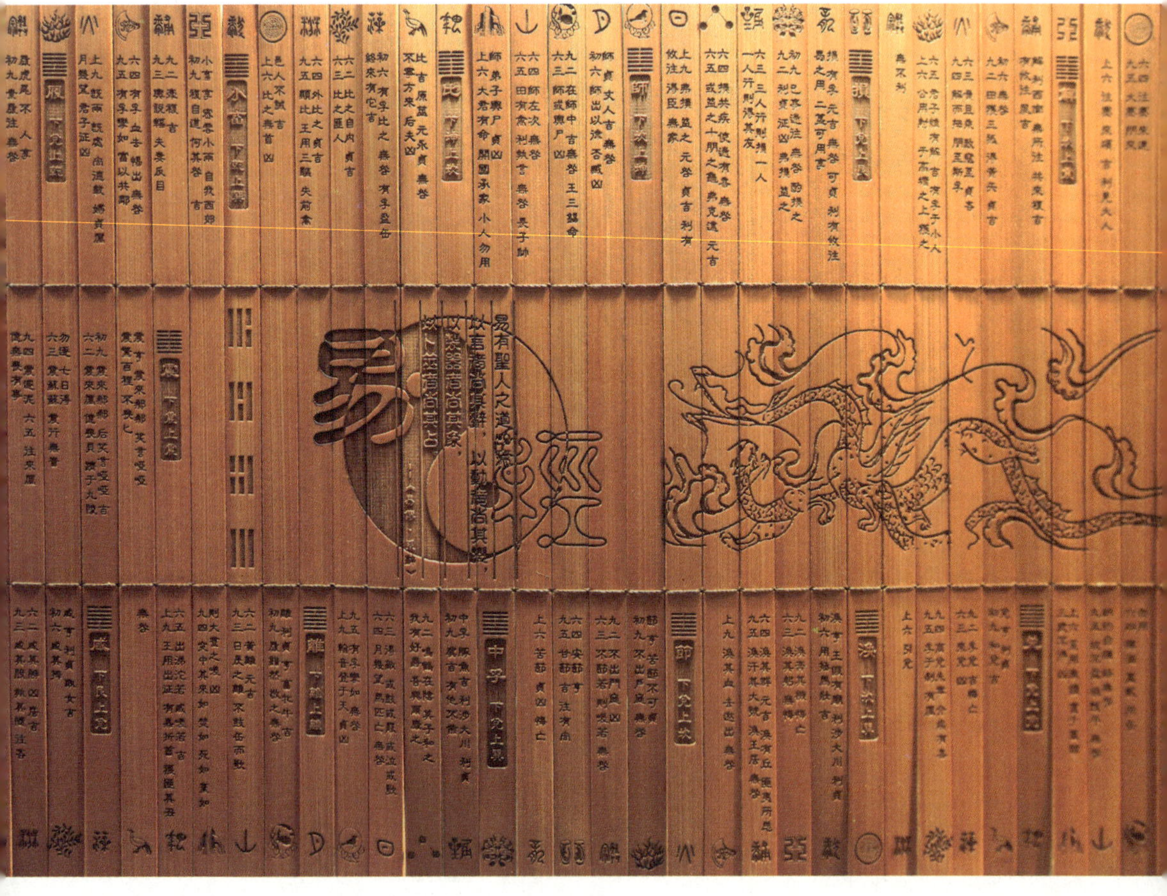

中国人认为，好风水就是好地方。在风水学里，这样的“风水宝地”一般依山傍水，土壤肥沃，甘泉如醴（lǐ）。中国历代都城都是精心研究选定的，如洛阳、西安、北京、南京等，这些城市地理位置优越，历经千年仍然兴旺繁荣。

现代人看风水是为了趋吉避凶，住得更舒服自在。中国人认为人居于宅中，住宅时时刻刻地影响着人的身体状况、精神情绪。所以说，家庭住宅的风水，关系到主人的事业财运、夫妻关系、健康状况、子女未来等一系列大事，为了整个家庭的运势和家庭关系的和睦，装修设计时一定要非常注意。比如，

卫生间和厨房的门相对是最不吉利的；墙上悬挂刀剑火器之类的尖锐物品暗示着要起争端；两个卧室的门不能相对，否则家中容易发生口角，等等。这些看起来穿凿附会的禁忌却是中国人非常在意的事情。为了保险起见，还是姑且听之吧。中国人还认为风水是可以改造的。比如，改变原来住宅的大门的朝向、放大或缩小窗户、摆放桃木、镜子等辟邪的物品等等措施都可以把不利于自己的格局改成顺势的风水。

中国人相信风水也要依赖人的德行。心灵美好的人才能感应到风水宝地，无德的恶人即使得到了好风水，也没有福气享受，还可能招来祸端，贻害后代。这就是所谓的“福地居福人”。

中国人之所以重视风水之说，根本原因是为了创造和谐的生活氛围。中国人信奉“天人合一”的宇宙观，认为天、地、人是一体的，追求“天时地利人和”。通过风水之术创造出理想的外界环境，再加上人自身的努力，这样的和谐生活是每个中国人的幸福追求。

玛丽：

王红，你小时候挨过爸爸妈妈的打吗？

王红：

只有一次，那时我还小，吃饭的时候扭来扭去，妈妈很生气地打了我一下。我立刻就老老实实地吃饭了。不过那一下真挺疼的，所以现在还记得。

玛丽：

哈哈，我小时候吃饭时也很淘气。不过我妈妈没打我。

王红：

那她怎么做的？

玛丽：

我妈妈把我绑到椅子上了！

19．“棍棒底下”出“孝子”吗？

回忆起小时候，很多中国人都有挨父母打的经历。因为中国传统的家庭教育非常重视惩戒，奉行“棍棒底下出孝子”，如果孩子犯了错，一定要狠狠地惩罚才能让他记住自己的过错。中国家长认为，皮肉之痛只是一时的，小错酿成大错才是后悔一辈子的大事。只有严厉的惩罚才能让孩子在记忆中留有深刻的印象，起到引以为戒的作用，才能成长为有用之材。

长大成人后，有人对父母当年的严厉管教非常感激，认为没有当年的一巴掌就没有今天的自己，因此再教育自己的子女时也坚持“不打不成器”的

按儿童身心发展的自然规律培养孩子。遇到问题要说服教育，不能用暴力的手段，鼓励和赏识才是教育孩子的最好方法。所以，仅靠打骂来教育子女的家庭已经非常少见了。

原则；也有人被父母打怕了，至今心怀恐惧，一辈子的心灵阴影使他们在批评子女时表现得非常矛盾：尽量克制自己，不想让孩子再重走自己当年的老路，但按捺不住自己的怒气时又操起家伙。于是一代一代地打下去，形成了恶性循环。

幸好现在大多数中国人都已经认识到，父母不能总是居高临下地管教孩子，而要平等地尊重孩子，

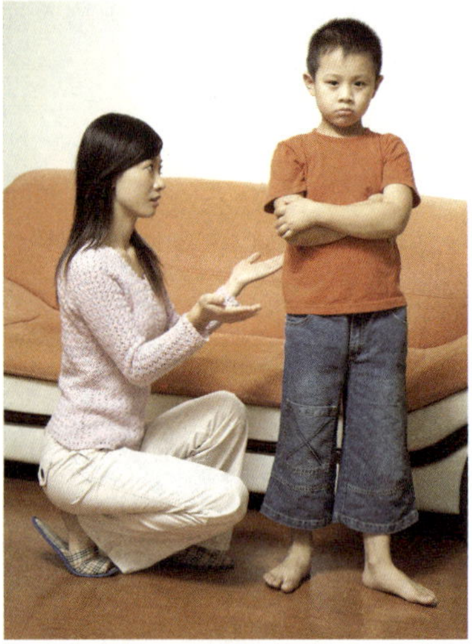

这些年独生子女家庭增多了，家庭教育又走上了另一个极端：家家只有一个孩子，含在嘴里怕化了，捧在手里怕摔了，一大家子人心疼还来不及，更舍不得碰一个手指。这一批被过度溺爱的孩子们长大之后出现了依赖性强、好逸恶劳、自私自利、飞扬跋扈等一系列问题，促使人们又重新推崇起“棍棒教育”。有的父母坚持严厉体罚，逼迫孩子考上了名牌大学，被称为新时代的“虎爸狼妈”。他们的“教育经验”激起了大家的评议。有人觉得严厉体罚既野蛮又无效，孩子从小被迫屈服在父母的淫威下，长大后心理上会出现问题，更何况考上名牌大学并不意味着就是“成材”；也有人认为现在的孩子普遍溺爱过度，惩戒不足，适度体罚加上讲道理才能让他们对错误有更深刻的认识，并学会承担一定的压力，这样做还是有一定好处的。

一边是“玉不琢不成器”的古训，另一边是提倡平等尊重的现代教育理念。面对天真调皮的孩子，打还是不打依然是中国的父母们左右为难的头疼问题。

董老师：

玛丽，你来中国这么久了，跟中国朋友相处得怎么样？

玛丽：

挺好的。不过中国人好像很爱打听，一见面就问我的个人生活，比如家里有几口人啦、父母做什么工作啦、有没有男朋友啦什么的。

董老师：

这是他们关心你的一种方式，你可能不太习惯。

玛丽：

我确实不太习惯。因为这些都是我的个人隐私。老师，中国人没有隐私观念吗？

20. 中国人没有隐私观念吗?

中国人常常给西方人好管闲事的印象，比如打招呼时问对方去哪儿，初次见面就询问对方的年龄、职业、收入、家庭等，这些都让西方人觉得既尴尬又恼火，甚至产生了被监视的感觉，认为中国人不懂得尊重他人的隐私。其实，这和中西方隐私观念的文化差异有关。

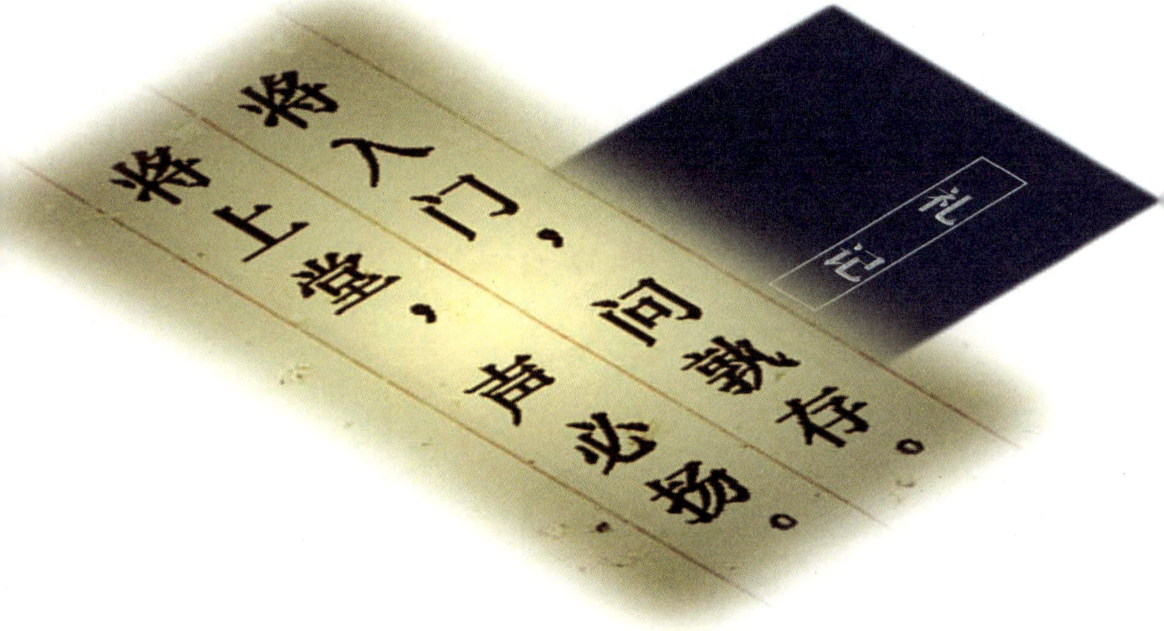

传统的中国文化非常尊重他人隐私，不但决不窥探他人隐私，而且主动杜绝不小心了解到他人隐私的机会。《礼记》中写道：进门之前，应该先问里面有谁，接近内室的时候，声音必须提高。就是为了让屋里的人能够听见声音，早做准备，以免撞到什么隐私。还有，古人进屋必须脱鞋，如果看到屋外有两双鞋，必然有两个人在屋里。听见屋里的人在说话，表明不是在谈论机密，可以进去；听不到声音，则可能在谈论机密的事情，就不可以进去。

那么，为什么外国人觉得中国人好管闲事呢？

首先，集体观念对中国人的影响很深。中国人认为个人从属于集体，每个人都是集体的一分子，在一起时要团结友爱，互相关心，彼此之间应该开诚布公，不能隐瞒真实情况。中国有句古话叫做“事无不可对人言”，意思是自己毫无隐私，做人清白坦荡，这被认为是一件值得自豪的事。

而且，中国人重视以己度人，常常用自身的经验和感觉去猜测他人的需要，认为应该像对待自己的亲人一样去对待朋友、客人。所以

初次见面会很关心他人的生活状况，问问对方的家庭、工作情况和私人感情等。这在中国人看来，是不把对方当“外人”的一种亲热表现。要是什么都不闻不问，才显得非常冷淡无礼。

中国人也有自己的隐私，只不过和西方人不大一样。一般来说，中国人通常不愿意向外人公布个人的情感和态度，两性关系更是禁区。比如再婚后，人们不会像西方人那样大大方方地承认“这是我的第二任丈夫（妻子）”，而是简单地介绍“这是我的丈夫（妻子）”。

近些年来，中国人的隐私观念正在发生变化，比如父母不能以“检查作业”之类的借口随意翻看子女的日记、手机等物品；银行、车站、商场的收款台等地方都画上了“一米线”；交警在打印电子警察所拍下的照片时，在前挡风玻璃的副驾驶座上打上马赛克……收入也渐渐成为人们重视的隐私之一，除非是熟悉的亲朋好友之间，其他人一般不方便询问，即使问了得到的回答也是含糊其辞。

（玛丽正在观看北京奥运会开幕式的录像。）

玛丽：

王红，北京奥运会的开幕式真是太壮观了！

王红：

是啊，听说为了这场盛会，演员们提前排练了半年多呢！

玛丽：

我最喜欢那个卷轴缓缓打开的场景，实在太美了！不过，为什么上边写着“和”字呢？

王红：

这和中国人的传统观念有关，我来给你讲讲吧。

21. 何为贵？“和为贵”！

儒家思想提倡“和为贵”。“和”的意思有很多，比如和善、和气、和睦、和顺、和平、和谐等。中国人很喜欢“和”这个理念，把“和”当做为人治世的最高境界。

在与人交往中，中国人希望人与人之间和谐相待，和气相处。在家里，一家人应该和和美美地过日子，不能为了一点点小事动不动就三天一小吵，五天一大闹。夫妻之间要互敬互爱，兄弟姐妹之间要和睦相处，这样的家庭才能兴旺发达。“家和万事兴”就是这个意思。做生意要讲究“和气生财”。顾客上门是来享受服务的，要是老板拉着脸，恐怕谁也不愿来买东西。就算是买卖双方谈不拢，老板也要笑呵呵地送顾客出门，毕竟“买卖不成仁义在”嘛。即使是对待竞争对手，也没有必要拼个你死我活，不如大家联手合作，广开财路，有钱一起赚。

人和人之间要和睦相处，国家和国家之间更应该如此。中国人还把对和谐人际关系的追求上升到对外交往的原则中。历史上，中华民

族一贯反对穷兵黩武，侵略扩张，坚持互信互利，平等合作。如今，中国依然首推“以和为贵”，主张用开放的态度和宽广的胸襟互相包容，共同繁荣发展。中国坚持走和平发展道路的主张，获得了国际社会的一致认同和推崇。当然，中国人热爱和平，也不惧怕挑衅。面对侵略，中国人必将战斗到底。

中国人追求的“和”，并不意味着一切都要整齐划一。中国人提倡“和而不同”，就是和谐而又不千篇一律，不同而又不互相冲突。比如，中国的儒、释、道三家之间的差异

非常大，有些观点甚至是互相抵触的。但是在中国传统文化的数千年影响下，三者互相吸收融合，形成了互补共存、共同繁荣的格局，以至于现在很难说清中国人的心目中到底信奉的是哪种宗教。

中国是一个多民族的国家，各民族的和睦相处就是对“和而不同”的最好注释。在“和为贵”的观念

影响下，中华文明形成了多元化的格局。今天，中国人还要把“和为贵”的理念推向世界，积极倡导各国、各民族平等相待，和平共处，共谋发展，争取早日把自由、平等、博爱的大同世界的理想变成现实。

玛丽：
王红，你怎么看起招聘广告了？

王红：
我还有一年就毕业了，也该提前准备一下了。我想当翻译，可是我妈妈不同意，希望我去学校当老师。她说这是“铁饭碗”，不担心失业。

玛丽：
哈哈，原来工作就是“饭碗”啊。那么你打算找什么样的“饭碗”呢？

王红：
哈哈，找一只可靠的“饭碗”！

22. 什么“饭碗”最可靠？

中国人口众多，就业压力很大。对于很多人来说，工作首先意味着谋生的手段。中国人形象地称之为“饭碗”。

什么“饭碗”最可靠呢？中国实行计划经济的时候，人们都希望找到一份没有失业风险、收入稳定的工作，比如国有企业的工人、公务员、军人、教师等，都是人们心目中的好工作。从事这些行业，也许工资收入并不高，

但是非常稳定，一般都是终身性的，即使退休后也能领到退休金。在当时的中国人看来，只要捧上了这样的“铁饭碗”，一辈子都能过上衣食无忧的生活。

改革开放之后，中国人大量接触和吸收了西方先进的人力资源管理经验，“铁饭碗”带来的负面影响也表现得更加突出，比如机构冗员、效益低下、工人对政府和单位过度依赖和缺乏再就业能力等等。中国政府也进行了一系列改革，很多工作岗位都开始裁员，特别是在国有企业，几乎有三分之一的工人面临下岗的危机。“铁饭碗”一夜之间变成了“瓷饭碗”。有人开玩笑说：“早知道这样，还不如回到农村去捧个‘泥饭碗’了！”

虽然国企工人不再是可靠的工作，但是警察、军人、公务员、公立学校的教师等职业由于收入稳定、社会地位高，仍然是人们竞相追逐的“铁饭碗”。最近几年，中国的公务员考试、教师资格考试都呈现了白热化的趋势，很多人想方设法跻身到这一行列中去，这和中国人追求稳定生活的心态不无关系。

“铁饭碗”稳定是稳定，可是收入却未必丰厚。许多敢于挑战的人又瞄上了“金饭碗”。“金饭碗”是指待遇非常优厚的工作，比如律师、医生、精算师、科研人员、咨询顾问等。这些炙手可热的行业对从业人员的专业技能和综合素质要求很高，同时工资和福利待遇也远远高于其他行业。得到了这样的“金饭碗”，虽然工作压力大些，但是意味着丰衣足食、前程似锦，比起“铁饭碗”来，又强了好多倍。

随着事业单位聘用制度的推进，在中国，真正意义的“铁饭碗”会越来越少，而“金饭碗”才是长久之计、竞争之本。现在的年轻人越来越意识到，与其费尽心机地追逐一个可能不再可靠的“铁饭碗”，还不如奋起直追，充实自己，为自己打造一个“金饭碗”！

大卫:
老师，我听说中国这几年的离婚率越来越高了。

董老师:
是的。现代人敢于追求自由和幸福，不愿意委屈自己，一旦对婚姻不满，就会产生离婚的想法。

大卫:
以前的人就不要自由和幸福吗?

董老师:
谁都想追求自由和幸福，但是以前大家都觉得离婚是很“丢脸”的事情，所以宁愿忍着。

大卫:
为了面子不要幸福，这样多傻啊。

23. 离婚“丢脸”吗？

“百年好合”是每个中国人对婚姻最美好的期望。步入婚姻殿堂的一刹那，每个人都希望能和自己的爱人“执子之手，与子偕老”。但是时过境迁，相爱的人也可能因为种种原因无法再继续共同生活下去，离婚就成为夫妻不得不面对的现实问题了。

以前，中国人觉得离婚是一件非常“丢脸”的事情。中国人的婚姻观和道德观是紧密相连的。一提到离婚，人们首先会猜测是不是夫妻中的一方做了什么有违道德的事情，因为“好人不离婚，离婚没好人”，其次才会考虑他们的感情是否真的不存在了。谁也不愿意被别人猜疑成品质败坏的人，所以有很多人离婚后仍对其他人隐瞒这个消息。

在中国，婚姻绝对不仅仅是个人的私事，而是涉及方方面面的社会关系，悄悄地离婚是很困难的。中国人一向信奉“宁拆十座庙，不拆一桩婚”，认为劝说他人离婚是非常缺德的行为。如果夫妻双方露出了要离婚的苗头，双方父母首先会阻止，亲朋好友轮番上阵，社区调解员上门说和，连双方的工作单位都有专人负责劝解。即使最后到了法院，也要等过了一定的调解期限才能最后判决。这一轮下来，恐怕已经闹得路人皆知，夫妻两人都要承受巨大的社会压力。现在的程序虽然简化了，但是世俗的压力却还是不可回避的。

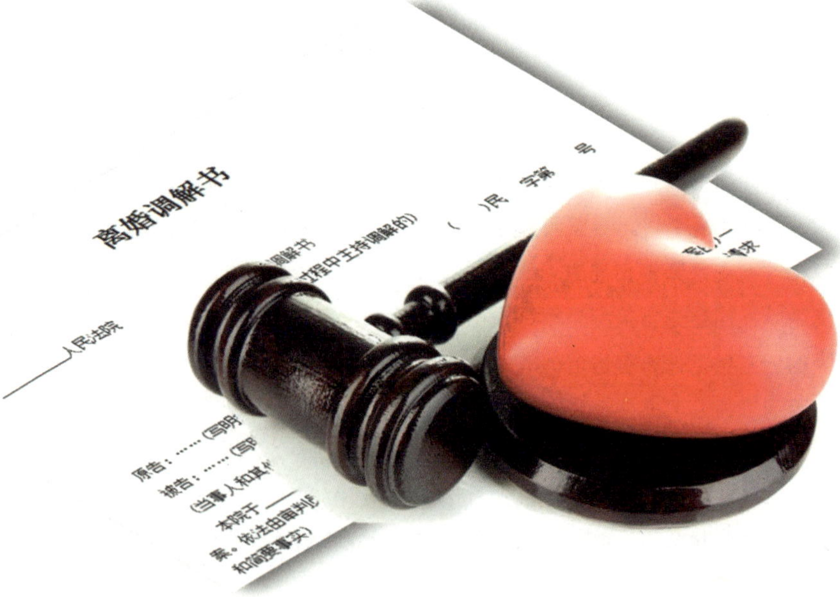

离婚对孩子的影响特别大。孩子会觉得父母抛弃了他（她），他（她）周围的同学也可能会因此孤立他（她），嘲笑他（她）是“没人要的孩子”。中国人觉得，孩子是无辜的，不能让孩子来承担父母离婚造成的影响。所以有很多夫妻即使感情完全破裂也要坚持到子女成家之后才离婚，就是为了给孩子一个名义上的家，不让别人异样的眼光伤害孩子的心灵。但也有人认为，与其让孩子生活在一个没有爱的家庭里，不如好聚好散，让孩子平静地接受事实。

现代的中国人崇尚自由，追求个人幸福，不太在意别人的眼光。如果发觉和对方实在无法共同生活，

一般都不愿意委屈自己，权衡之后还是希望能“好聚好散”。有些年轻人过分看重内心的感觉，一见钟情后就立刻闪婚，不久之后发现很多方面合不来又急忙闪离。这种轻率的态度也颇受诟病。中国人一直强调对家庭的责任感。人们觉得那些婚姻失败的人，并不是找错了对象，而是没有把家庭责任放在心上。而不负责任的人很难再得到他人的信任。因此，离婚虽然不再是“丢脸”的丑事，但还是让人无法坦然面对他人怀疑的目光。

玛丽：

真糟糕，这个月我买了好几件衣服，信用卡刷爆了！

王红：

你打算怎么办呢？找大卫帮帮忙怎么样？

玛丽：

不用，我父母很快就要给我寄生活费了，下个月我就有钱还信用卡了。

王红：

看来，你已经提前把下个月的钱花掉啦！

24. 今天该不该花明天的钱?

勤俭节约是中华民族的传统美德。历史上中国人饱受天灾战乱的痛苦，民族忧患意识特别强，总是把结余的钱存起来，以备不时之需。近些年来，中国人富裕了，但大部分人还是愿意把钱存到银行里。中国的存款率之高，是世界上罕见的。

中国人消费的时候，更看重物质效用，精神消费是第二位的。有句古话叫“人生在世，吃喝二字”，中国传统的观念认为吃得好是最大的幸福，因此一旦有了钱，中国人会先用来改善生活，吃得好一点儿，然后再考虑其他方面。

中国人**花钱**的时候，比较讲究“实在”，买东西时讲究物美价廉，不愿意买中看不中用的东西。包装华丽的商品一般都是用来送给别人的，自己家庭还是尽量选择实惠、耐用的。中国人还强调“花钱要花在刀刃上”，意思是在关键的时候不能吝惜，比如购买大件家电、给孩子付教育费时，中国人从不小气。

中国人讲究人情关系，在结婚、丧葬、搬新家、生孩子时要奉上一笔数目不小的礼金，逢年过节时探望亲友也要送上红包或价格不菲的礼物，否则就显得非常没有礼貌。刚上班的年轻人积蓄不多，对这种传统习俗下的花销既头疼又无可奈何，因此比较反感这方面的消费。

中国人注重形象，认为“人要衣装，佛要金装”，在穿衣打扮上比较舍得花钱，这是无可厚非的。也有些财大气粗的暴发户大量购买奢侈品来炫耀自己的财富或地位，他们常常遭到大家的鄙夷和嘲笑。

中国人不喜欢欠钱，认为欠别人的钱是道德低下的表现。数千年来，中国人已经习惯了“量入为出”的消费方式，总是力争略有结余；一旦花销超出了自己的收入水平，要靠借钱度日，立刻惴惴不安，好像芒刺在背，因此对透支消费持保守态度。传统的中国人觉得，用信用卡当然方便，但是容易在不知不觉中过度消费，养成大手大脚的恶习。而且，如果今天花了明天的钱，那么明天就有可能无米下锅。年轻人更乐观一些，他们觉得与其等待攒够了一辈子的钱，老年时却无力消费，不如在自己有能力赚钱的同时，积极享受生活的乐趣。“赚来的钱就是用来花的”和“不花钱，怎么会有赚钱的动力”正是现代年轻人消费心理的真实写照。

（玛丽和王红经过一家彩票投注站。）

玛丽：
王红，你看，好多人在买彩票，咱们也去试试手气。

王红：
我可没那个命。从小到大，我还从来没中过奖呢！

玛丽：
试一试嘛，反正就两块钱。就当是支持福利事业啦！

王红：
好吧，没准儿今天还真有好运气呢！

25. 什么是“命”？

中国传统观念中的“命”就是命运，指人生来就注定的寿命、贫富、运气和人生经历。中国人认为，人出生的一瞬间，上天就把命运安排好了。命有好坏之分。命好的人一辈子平平安安，生活幸福，命不好的人从小生活坎坷，历尽艰辛。大难不死的人叫“命大”，屡遭厄运、波及亲人的人被诬蔑为“命硬”。中国人羡慕他人的成功、幸福时常说：“人家天生就有那个命！”偶尔也会自怨自艾：“我就这个命了。”劝说他人屈服时说：“你还是认命吧。”这是因为人们相信，命中注定要得到的东西早晚都会到来，否则怎么强求也是白费力气。

命是可以预知的。孔子说“五十而知天命”。人到了一定的年龄，当然对人生道路和社会规律有了深刻的认识，这是人生阅历自然累积的结果。如果想更早地预知，就得借助一些占卜、术数等手段。虽然现在很少有人迷信这一套了，但人人都对自己未来的人生之路充满了好奇，所以风水大师、算命先生总能找到用武之地，给人指点迷津。至于算过之后信或不信，就要看个人的想法了。还有一些网站根据生肖和星座预测未来一年或者一个月内的运程，解释模棱两可，大同小异，大家无聊的时候看个热闹，并没有人当真。

命也是可以改变的。有些执着于命运的中国人相信，根据阴阳五行理论，采取一定措施能弥补自己命中的不足之处。比如带上“转运”的饰品、把家里的家具换个方向、改穿其他颜色的衣服等，再复杂一点儿的，还有搬家、换工作等。只要这些方法不太麻烦，中国人怀着“信则灵”的想法都愿意试一试。

人的道德品质对命运也有很大的影响。中国人相信，行善积德、多做好事可以改变命运。其实，如果一个人处处与人为善，乐于助人，别人当然也愿意

帮助他。即使遇到了什么倒霉的事，有这么多人相助，肯定能顺利渡过难关。这不就是改变命运吗？

在中国，也有很多人坚决反对上天决定命运的说法。他们认为，自己的幸福和命运都掌握在自己的手里，根本不是上天决定的。任何事都是可以通过个人的努力而改变的，只要自己努力奋斗，把握机会，“我命由我不由天”，一切曲折、艰辛都能克服，最后必将成功！

王红：

玛丽，这个周末我们计划去北海公园划船，你去不去？

玛丽：

我还没想好呢。王红，我发现你很喜欢去有山有水的地方玩儿啊。

王红：

当然了，中国人说'仁者乐山，智者乐水'，意思就是仁爱的人喜欢山，聪明的人喜欢水。

玛丽：

真的吗？我也要做个聪明的人，明天我一定跟你们去划船！

26. 为什么说“仁者乐山，智者乐水”？

中国有这样一个神话：在遥远的太古时代，宇宙好像一颗硕大、混沌的鸡蛋，里面漆黑一片，没有东南西北，也没有前后左右。就在这样的世界中，诞生了一个巨人叫盘古。盘古在“鸡蛋”中沉睡了一万八千多年，终于苏醒过来。他很不喜欢周围的环境，就拿起大斧子把混沌的宇宙分为天和地。他担心天和地会重新合在一起，就踩在地上，撑起天空，天和地之间的距离变大，他的身体也随着长高。终于，天和地不再变化了，可是盘古也耗尽了全部的力气累死了。盘古死了以后，他的遗体没有消失，而是变成了天地万物，就连汗水也变成了雨露，呼出的气变成了轻风和白云。

世界当然不是这样创造出来的，但是神话中巨人盘古死后化为世间万物的循环变化却反映了中国传统的自然观念的核心——“天人合一”，即人与自然和谐相处。中国人认为，宇宙万物构成了一个大天地，而人是万物中的一分子，是自然的一部分。人类生存在大自然中，应该敬畏自然，适应自然，与自然对话，与自然相谐，而不能妄想改变和征服自然，逆天行事一定会饱尝恶果。比如在上世纪五十年代，中国盲目追求钢铁产量，用不科学的土方法大炼钢铁，烧山毁林，乱砍滥伐，对自然造成的伤害至今还没有完全恢复。

“天人合一”的自然观还认为天和人是相通的，即人和自然在本质上是一样的，遵循着共同的发展规律。人生于天地之间，人的生命、知识、价值、审美和道德都是从自然获取的，精神状态也受世间万物的无形影响，自然山水的特点也会反映到人的思想品质中。仁爱的人像高山一样平静坚定，从不摇摆不定，聪明的人像水一样善于随机应变，因此“仁者乐山，智者乐水”。

天和人还是可以互相感应的。在中国人看来，斗转星移、四季变换、阴晴雨雪既是自然现象，又是大自然的情绪的表现。所以中国人觉得秋天是令人伤心的季节，而东风则送来了春的希望。反过来说，中国人觉得大自然也能体会人的情绪变化，“感时花溅泪，恨别鸟惊心”，大自然和人类一样具有灵性。

“天人合一”对中国人的影响很深。中国人认为，自然不光孕育了人类，也是其他一切生命的祖宗。所有生命都是自然这个大家庭中的一员，地位平等，没有高低贵贱之分。人应该像对待自己的手足一样，热爱自然，尊重自然，保护自然。中国人还认为高雅的人品就应该像大自然那样纯净，追求符合自己本性的自然生活，认为这样才能找到心灵的归宿。

（大卫和苏菲在地铁里。）

大卫：

苏菲，你看，地铁里这么拥挤，还有不少人在看书呢。

苏菲：

是啊，中国人可真爱学习。我班上有的学生每天早上五点半就起床晨读，非常刻苦。

大卫：

五点半？那可太早了！我真佩服他们！不过，我很想知道，中国人到底是为了什么而努力学习呢？

27. 中国人为了什么而努力学习？

古代中国有本儿童启蒙书叫《三字经》，里面说："玉不琢，不成器；人不学，不知义。"可见，中国人认为**学习的目的**是为了懂得道理。在古时候，"知书达理"是对人很高的评价。

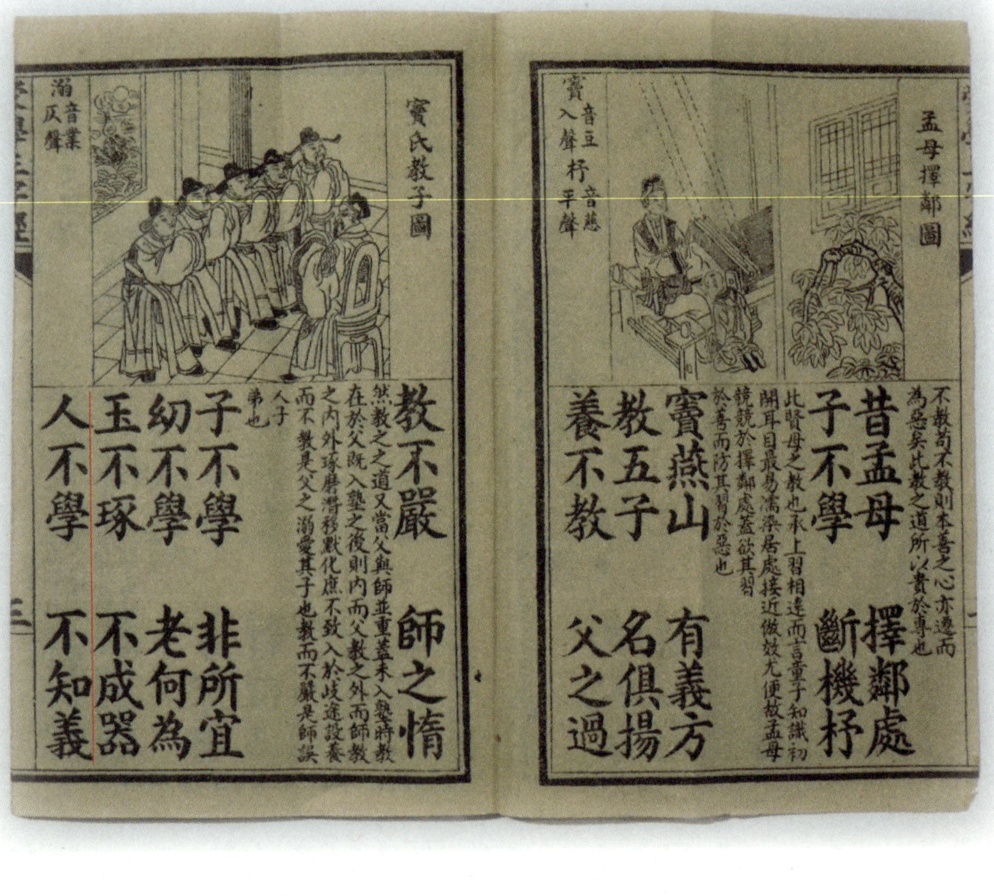

中国是世界上最早采用文官选拔制度的国家。读书人如果想当官，用自己的才学报效国家，唯一的途径就是好好学习，认真读书。就连孔子也说:“学而优则仕。”

为了劝人用功学习，宋朝有个皇帝还说:“书中自有颜如玉，书中自有黄金屋。”看来，只要好好学习，美丽的妻子和富裕的生活就唾手可得了。当然，并不是每个人读书学习的目的都这么庸俗，也有很多人是为了实现自己的抱负和理想。比如新中国第一任总理周恩来在年幼的时候，亲眼目睹了国家内忧外患、人民流离失所的惨景，从小就立下了“为中华之崛起而读书”的远大志向。

知识改变命运。自中国1978年恢复高考制度以来，一大批农村的寒门子弟通过参加高考、读上大学跳出了农村，改变了自己甚至下一代的命运。他们再也不用像自己的父辈一样“面朝黄土背朝天”，而是凭借知识给自己打开了另一片天地。

中国人奉行实用主义，学习不光是为了获得知识和真理，更是为了掌握为人处世的道理。所以像只书虫一样地埋头啃书本是不行的，还要跟人交流，向他人学习。一味地读死书，死读书，不谙世事，就会变得更加迂腐顽固，被人们笑话成“书呆子”。

中国人认为:“学如逆水行舟，不进则退。”当今社会正处于知识大爆炸的时代，新旧知识淘汰很快。很多人都感到：在大学里学到的知

识，到社会上工作几年后就发现不够用了，真是“书到用时方恨少”。要是再不抓紧时间给自己充充电，恐怕很快就要被时代抛弃了。现在还有很多地方开设了老年大学，很多老年人退休以后来到这里，学习

上网什么的，争取不跟社会脱节，“活到老，学到老”。“黑发不知勤学早，白首方悔读书迟”，现在连白发人都这么努力上进，年轻人们，还是抓紧时间学习吧。

China

玛丽:
今天早上我打车上学，下车时才发现忘了带钱包。幸好司机师傅说没关系，可以以后再给他车费。

王红:
他可真是个好人！你打算怎么给他钱?

玛丽:
哈哈，我把他的名字记下来了。他说他叫雷锋，是“爱帮忙”出租车公司的。

王红:
什么？叫雷锋？哈哈，玛丽，你恐怕给不了车费啦!

28. 什么是“雷锋精神”？

雷锋是20世纪60年代的一名解放军战士，他出身贫苦，七岁就成了孤儿。新中国成立后，他上了学，毕业参加工作，后来参军入伍。22岁时因公殉职。雷锋短暂的一生中并没有什么轰轰烈烈的大事，只是坚守平凡的岗位，做好人，办好事，这样更加赢得了人们的尊重和爱戴，他的故事被广泛流传。

雷锋在农场工作时，努力学习，只用一周就学会了驾驶农机，又响应国家的号召去工厂工作。有一次突降暴雨，雷锋带着同事们拼命奋战，保住了37000多袋水泥，使国家财产避免了重大损失。他参军入伍后，把原来的积蓄和每个月的津贴捐给了受灾群众和其他需要帮助的人，自己生活却十分节俭，

袜子补了又补也舍不得丢掉。空闲的时候，他也不肯休息，总是去帮助他人义务劳动。即使生病了，还跑去建筑工地，帮助工人们推砖运瓦。出差的时候，他还在火车上帮助乘务员打扫卫生，给旅客端茶倒水。人们都说："雷锋出差一千里，好事做了一火车。"

雷锋热爱集体，关心战友，爱护群众，勤俭节约，助人为乐，做好事不留名，把"毫不利己、专门利人"看成是人生最大的幸福和快乐，并身体力行，认真实践，"把有限的生命投入到无限的为人民服务之中去"。这种精神被誉为"雷锋精神"。他去世后，毛泽东亲自为他题词"向雷锋同志学习"，中国政府还把每年的3月5日定为"学雷锋纪念日"，在全国范围内掀起轰轰烈烈的学雷锋活动，教育了一代又一代中国人。

雷锋虽然已经去世半个多世纪了，但是雷锋精神永远不会过时，因为这是千百年来中华民族优良传统的积淀，绝不是简单地教人们“做好事，当好人”。在今天，“雷锋”成了“助人为乐”的代名词，人们常把乐于助人的热心人们称为“活雷锋”。今天的中国人虽然不常把“雷锋精神”挂在嘴边，但是在日常生活中，看见他人有困难，就会主动上前帮助。这点儿小事对自己来说，只是举手之劳；而对于受惠者来说，却是帮了大忙。那么又何乐而不为呢？

和雷锋一样，中国人在帮助他人的时候从来没有想过要求对方的报答。略有不同的是，当年雷锋被问及姓名时，他回答说：“就叫我解放军吧！”今天，我们的回答是：“就叫我‘雷锋’吧！”

（玛丽和王红从电影院走出来。）

玛丽：
真没想到，现在还有像郭明义那样的人。

王红：
是啊，他为了帮助别人，宁肯舍弃自己的利益。真是了不起！他的行为倒是很符合他的名字，明义，就是深明大义的意思。

玛丽：
“深明大义”是什么意思？

王红：
我还是先给你讲讲什么是“义”吧。

29. “义”对中国人意味着什么？

义，就是道义、正义。中国传统人生哲学认为，“义”是人对崇高道德的追求，同“利”相对。

那么，什么样的行为是符合“义”的呢？简单地说，凡是忽略个人私利、为了他人或者国家的利益而努力的行为，不论最后的结果是否成功，都是符合义、弘扬义的。比如被誉为“当代雷锋”的鞍山钢铁公司工人郭明义，为了照顾比他更困难的同事，几次把单位分给自己的房子让给别人；“傻子粮油超市”的店主曹伟，在店中专设一个爱心捐助箱，每天从营业利润中抽取10% 捐给慈善事业，七年里捐出 50 多万元物资，资助了 500 多户贫困户、低

保户以及200多名孤寡老人，还资助了200多名贫困学生，其有6名学生已经顺利读完了大学。这些都是符合义的行为。再比如，2008年5月12日，中国汶川地区遭遇了罕见的八级强震，灾难发生当天，成都市数千辆出租车自发到灾区参与救援，解放军战士冒雨翻山赶赴灾区，军医大学深夜紧急抽调应急医疗队出发……全国人民都团结起来，积极地为灾区捐款捐物，连乞丐都拿出了自己的积蓄，还有人主动提

出愿意无条件地收养灾区孤儿……这些都是符合国家大义的行为。

中国人反对做不义的事情，认为“多行不义必自毙”。对于别人给予自己的恩惠，要铭记在心，知恩图报，否则就是“忘恩负义”的小

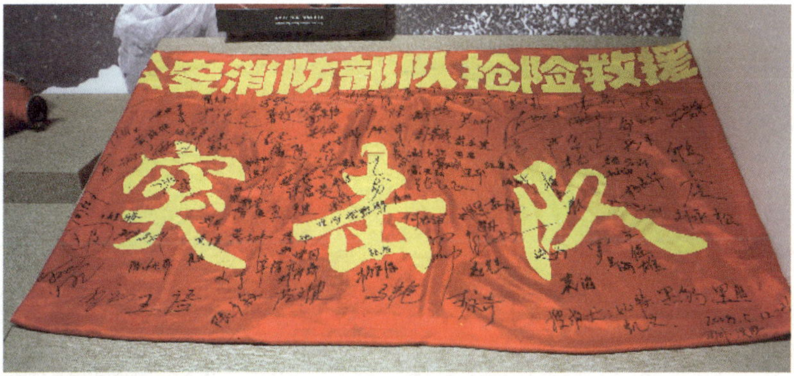

人。当义和金钱发生冲突时，应当选择义，不义之财不能要。通俗地说，不义之财就是来源不符合义的钱，比如收受的贿赂、欺骗他人得到的钱等。中国人相信，收取这样的不义之财会使人遭到报应，比如生病、发生意外等，这些钱最终还是要以痛苦的形式花费出去。

中国人追求义，但并不反对追求利益。中国人认为，利和义都是人的内在需求，这是由人的本性决定的。人生来就要追求利益，这种欲望是不能消除的。追求利益，并不意味着不道德。正是有了利，人才能有更高的追求，社会才能进步。但前提是不能损害他人的利益，也就是要利己不损人。

（玛丽看见董老师走进教室，把手里的报纸给她看。）

玛丽：
老师，我在报上看到一则新闻，说有一位女士二十年来一直义务照顾两位无儿无女的老人，直到他们去世为止。

董老师：
这位女士真了不起。

玛丽：
我也很敬佩她，但是我不太理解，这两位老人跟她又不是亲戚，她为什么要这么做呢？

董老师：
孟子说“老吾老以及人之老”。她这是把对自己父母的爱，推及到了邻居老人身上。所以才更值得敬佩啊。

30. “老吾老以及人之老”是什么意思？

两千多年前，儒家思想的代表人物孟子提出：“老吾老以及人之老，幼吾幼以及人之幼。”意思是在赡养孝敬自己的长辈时不应忘记其他与自己没有亲缘关系的老人，在抚养教育自己的小辈时不应忘记其他与自己没有血缘关系的小孩儿。这句话深刻地反映了中国人的博爱精神。

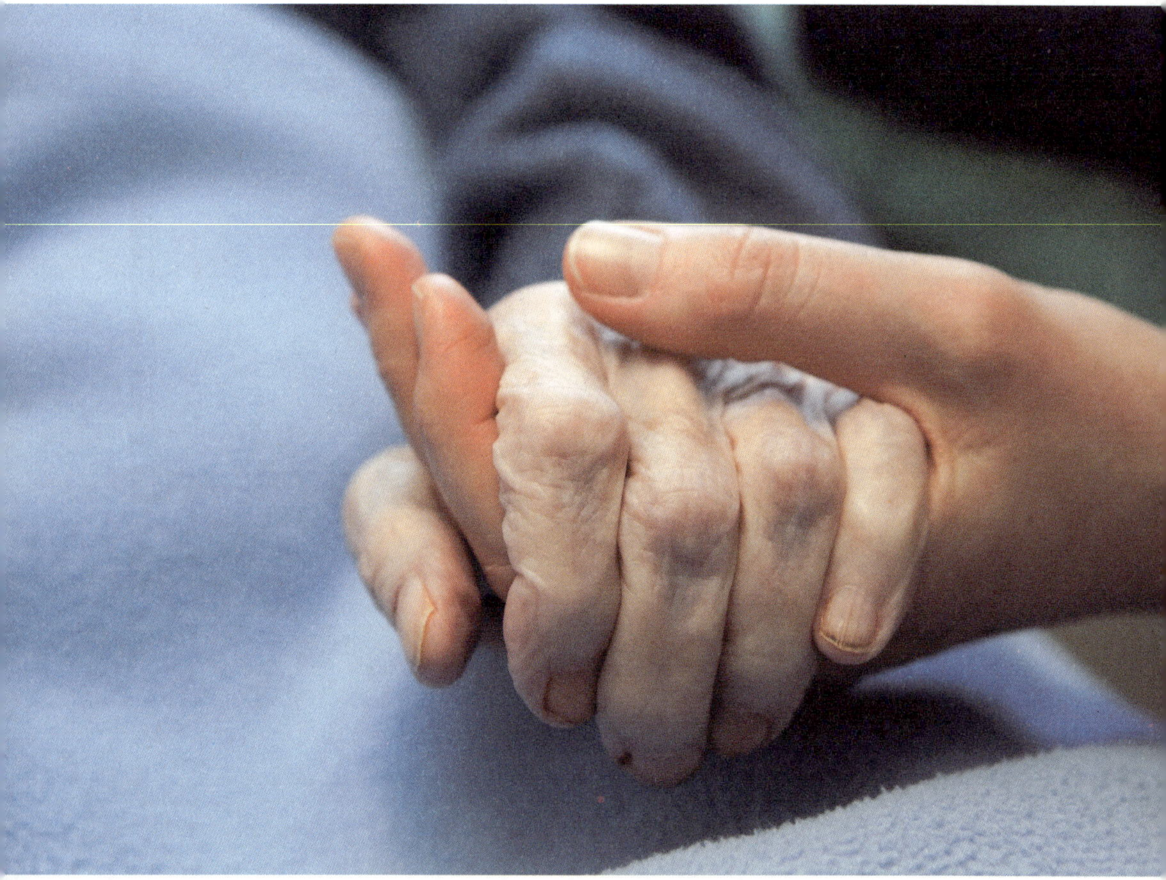

中国人的博爱精神最初是由血缘关系引出的，是从亲情开始的。中国人重视孝悌（tì），认为孝敬父母、和睦兄弟是做人最基本的德行。但是把爱局限在家庭之内是不够的，还要把对自己亲人的爱，推广到身边其他人。比如在路上看到别的老人艰难地行进，就应该想到自己的父母也可能有这样的时候，所以要上前搀扶一把，像帮助自己父母一样地帮助他。

中国有句古话叫“四海之内皆兄弟”，就是要像关心、爱护自己的亲兄弟一样去对待他人。当身边的人遇到困难时，不应当坐视不管，而要第一时间冲上去，为他排忧解难。

俗话说：“一个篱笆三个桩，一个好汉三个帮。”中国人认为帮人就是帮自己。今天我能为别人分忧，明天当我遇到麻烦时，自然也有人来帮助我。

中国人的博爱精神还体现在扶危济困、关爱弱势群体上。中国人认为，人在世上，随时都有可能遇到危险和困难。这时如果能有人帮忙扶持一下，就算不能很快解决问题，至少在心理上也要好过许多。在面临突如其来的天灾人祸时，除了政府的救济之外，各种慈善组织、志愿组织等也会提供非常可靠的帮助，还有很多好心人自发地前来帮忙，有钱出钱，有力出力，帮助不幸的人渡过难关。这让人心里感到

CHINA CHARITY FEDERATION
中華慈善總會

非常温暖。中国人善于以己度人，遭遇过某种不幸的人更能理解同样经历的人的痛苦，更愿意向这些相同境遇的可怜人施以援手。比如中国有一对明星夫妻，他们的女儿不幸患有先天性唇裂。这种病虽然不致命，但是非常影响容貌。夫妻俩为此非常忧心。治愈自己女儿的病后，他们就成立了一个以女儿的名字命名的慈善基金会，专门为同样患有唇裂的儿童提供免费救助，至今已使几百名孩子受益，使他们的家庭重新获得了欢笑。

SmileAngel
嫣然天使基金
let hope fly, and love flourish!

中国人提倡博爱，但不是毫无原则的“滥爱”。古时候，有个东郭先生糊里糊涂地善心大发，居然同意狼藏进自己的书袋，帮它躲过了猎人的追捕。结果，狼反而恩将仇报，凶态毕露，差点吃了他。中国人牢记这个教训，对坏人、恶人决不姑息同情，一定要“痛打落水狗”！